Impresso no Brasil, abril de 2010

Copyright © 2010 by Mendo Castro Henriques

Os direitos desta edição pertencem a
É Realizações Editora, Livraria e Distribuidora Ltda.
Caixa Postal: 45321 · 04010 970 · São Paulo SP
Telefax: (11) 5572 5363
e@erealizacoes.com.br · www.erealizacoes.com.br

Editor
Edson Manoel de Oliveira Filho

Revisão
Nelson Barbosa (*1ª revisão*)
Jessé de Almeida Primo (*2ª revisão*)

Capa e projeto gráfico
Mauricio Nisi Gonçalves / Estudio É

Diagramação
André Cavalcante Gimenez / Estudio É

Pré-impressão e impressão
RR Donnelley

Reservados todos os direitos desta obra.
Proibida toda e qualquer reprodução desta edição
por qualquer meio ou forma, seja ela eletrônica ou mecânica,
fotocópia, gravação ou qualquer outro meio de reprodução,
sem permissão expressa do editor.

Coleção
FILOSOFIA
ATUAL

BERNARD LONERGAN

UMA FILOSOFIA PARA O SÉCULO XXI

MENDO CASTRO HENRIQUES

Sumário

Introdução a um Autor 7

Obras principais de Bernard Lonergan 17

1. O desejo de conhecer
   O que é a intelecção? 19
   A teoria cognitiva 21

2. Conhecimento científico e mundo
   Método clássico e estatístico 25
   Cânones de investigação científica 30
   O mundo como probabilidade emergente 32
   Compreender o desenvolvimento 37

3. O método da filosofia fundamental
   Juízo e fato 43
   O sujeito 44
   O ser como tudo o que há para conhecer 48
   Filosofia e filosofias 55
   O isomorfismo entre conhecer e ser 61
   O ser humano é uma unidade 66

4. A ação humana e a ética
   A possibilidade da ética 69
   O senso comum como intelecção 72
   O campo subjetivo do senso comum 74
   A distorção dramática 76
   O senso comum como objeto 79
   Distorção individual e de grupo 82
   A teoria dos bens 84

5. A economia: uma ciência vital
Dois tratados 91
A teoria dos fluxos financeiros 93
O impacto da nova teoria econômica 97

6. O problema da interpretação
Mito e metafísica 103
O desejo de interpretação 105
A perspectiva universal 107
Os modos de expressão 110
As características da arte 112

7. A experiência religiosa
Não há sumário de Deus 115
Os argumentos sobre a existência de Deus 117
O desafio do mal 120
A compreensão em busca da fé 122
A fé e humanismo 123

8. Tendências da filosofia para o século XXI
Um recomeço 125
Um novo humanismo? 129
Um guia da cosmópole 133
Recepção e desafio 138

Livros publicados do autor 141

Introdução a um autor

Bernard Lonergan foi, provavelmente, o mais importante filósofo do século XX. Antes de justificar essa afirmação, será interessante constatar que tem seguidores em todo o mundo; que a sua obra principal *Insight; um ensaio sobre o conhecimento humano*,[1] agora publicada em língua portuguesa, está já editada nas restantes geolínguas; que existe mais de uma dezena de centros de estudo dedicados à sua obra; que a bibliografia sobre o seu pensamento ultrapassa em muito as duas mil monografias e artigos; e que por ano se realiza quase uma dezena de colóquios sobre ele.

A esmagadora maioria das pessoas, porém, nunca ouviu falar de Bernard Lonergan. A maioria dos filósofos e teólogos identifica apenas um nome e uma obra. A maioria dos economistas, epistemólogos e cientistas sociais nem o nome identifica. E contudo, escreveu com preparação profunda, em disciplinas tão diferentes como Ética, Epistemologia, Pedagogia, Economia, e Teologia, entre outras. Também é verdade que um autor capaz de analisar com rigor assuntos tão díspares como os métodos de Kant e de Tomás de Aquino, a psicanálise freudiana, a psicologia de Piaget, a teoria econômica de Keynes, ou as física de Galileu, Einstein e Max Planck (com equações

---

[1] *Insight; a Study of Human Understanding*, v.3, de *Collected Works* of Bernard Lonergan, ed. Frederick E. Crowe and Robert M. Doran, 5.ed. Toronto: Toronto University Press. Essa coleção de obras de Lonergan tem 25 volumes.

matemáticas que nem trufas raras para *connoisseurs*) parece um enciclopédico ou um paranoico convencido. Sucede que, para o apreciar, é preciso ainda uma forte dose de realismo espiritual e de liberdade perante os poderes mundanos, condições hoje desfavorecidas nas universidades. E como revelam os debates sobre o seu pensamento, para ser atraído por Lonergan é preciso conhecer a tradição clássica e cristã mas ter a independência de espírito suficiente para elaborar pessoalmente os resultados.

A linguagem e o estilo de Bernard Lonergan são semelhantes ao esforço do caminheiro, quase banal por vezes, e fugindo do jargão filosófico é patente a procura da clareza a que todos possam aceder e é também muito apurada a proximidade aos dados científicos que ele utiliza no esforço de apropriação para o qual nos convida. É uma linguagem que parece estranha aos próprios filósofos profissionais, e deslocada ao que inicia o estudo, o que não é assim tão raro numa filosofia inovadora. E contudo é de uma simplicidade quase desconcertante, exigente e enriquecedora, à semelhança dos desafios de conhecimento e de ação que nos legou.

Joseph Francis Bernard Lonergan nasceu em 17 de dezembro de 1904 em Buckingham, Quebec, no Canadá. O pai era engenheiro de ascendência irlandesa, e a família da mãe era inglesa. Aos 13 anos, entrou para o Colégio de Loyola, de Montreal (Crowe, 1992, p.5) aderindo à Companhia de Jesus, em 1922 e seguindo o habitual longo percurso de formação: os primeiros quatro anos em Guelph, Ontário (1922-1926) como noviço; três anos de filosofia em Heythrop College (1926-1929), perto de Oxford, e mais um ano estudando línguas e matemática na Universidade de Londres. Vieram depois três anos de regência de cursos em Loyola College (1930-1933; quatro anos na licenciatura em Teologia na Universidade Gregoriana, de Roma, preparando a carreira académica (1933-1937) e, finalmente, a terceira prova durante 10 meses em Amiens, França (1937-1938) após a qual fez votos solenes.[2]

---

[2] Cf. Frederick Crowe SJ. *Lonergan* (Collegeville, Minn.: Liturgical Press, 1992), bem como as próprias reflexões de Lonergan em "Insight Revisited"

Frederick Crowe descreve esses anos de aprendizagem de Lonergan, no mundo anterior ao Concílio Vaticano II. Havia

> leituras sobre a vida de Cristo e dos santos, a *Imitação de Cristo*, sobre documentos jurídicos e espirituais jesuítas, o velho Afonso Rodriguez (1532-1617), a prática da perfeição e virtudes cristãs. Havia as instruções do mestre aos noviços, as "exortações" pregadas por austeros sacerdotes na comunidade, e assim por diante. Havia as penitências, publicação das faltas, admitidas voluntariamente ou indicadas pelos companheiros em ágapes transbordantes, e havia muita oração... a mais lenta de todas as práticas a aprender.[3]

Era uma vida que ensinava a disciplina e o estudo sério, embora de modo um pouco rígido e restritivo; serão marcas do trabalho de Lonergan. Mas nesses anos de formação e estudo, ele experimentou interesses e influências intelectuais muito variadas. Em Guelph aprendeu latim, grego, francês, retórica e matemática. Em Heythrop, estudou por manuais escolares, "de origem alemã e conteúdo Suareziano" (*Second Collection*, p.263) mas interessou-se pela teoria do conhecimento, em particular na obra *Grammar of Assent*, de John Newman. Na Universidade de Londres voltou a estudar línguas e matemática, que prezava particularmente, vindo a dar cursos de línguas e de cálculo, geometria analítica e mecânica no Colégio Loyola. Aqui começou a ler sobre Platão e os primeiros diálogos, bem como os diálogos filosóficos de Agostinho. *Age of the Gods*, de Christopher Dawson reorientou o seu conceito de cultura do plano normativo para o antropológico.

Em Roma, Lonergan contatou com o tomismo transcendental de Jacques Maréchal, enquanto se apropriava de Tomás de Aquino no original e em oposição ao tomismo dos manuais escolares. Os escritos desse período revelam interesses pela cultura, filosofia da história, ciências humanas, sociologia,

---

(*A Second Collection*, Toronto, 1974, p.263-78).

[3] Ibidem.

política, economia. No essencial, Lonergan reverteu a filosofia tradicional centrada numa psicologia metafísica numa metafísica psicológica fundada no processo de autoapropriação do sujeito cognoscente.

Apesar de não ser um aluno premiado, desenvolveu ambições intelectuais exemplificadas por uma carta de 1935 a um superior:

Consigo elaborar uma filosofia fundamental tomista da história que ofuscará Hegel e Marx, apesar da enorme influência deles nessa obra. Tenho já escrito um esboço, disso como de tudo o mais. Examina as leis objetivas e inevitáveis da economia, da psicologia (ambiente, tradição) e do progresso [...] para encontrar a síntese superior dessas leis no Corpo Místico.

Não escapará ao leitor que Hegel e Marx não eram leituras recomendadas para um jovem sacerdote em Roma e, ainda mais, na Itália fascista. Mas fica bem claro como ele era já audaz, capaz de pensar sem *imprimatur*. E também fica claro que o corpo místico de Cristo é, desde São Paulo, um dos conceitos mais integradores da teologia.

Os registos da Universidade Gregoriana em Roma mostram que, em 6 de dezembro de 1938, a dissertação de Lonergan intitulada *O pensamento de Santo Tomás sobre a graça operativa* foi aprovada para apresentação, sob a orientação de Charles Boyer, sendo completada em 1940. Segundo as suas palavras, "demorei 11 anos até atingir a mente de Santo Tomás de Aquino".[4] Nessa sua dissertação, Lonergan abordou a graça operativa, um tema que foi o cerne da grande controvérsia entre Bañez e Molina sobre como conciliar a liberdade humana com a onipotência, onisciência e vontade salvífica de Deus. Lonergan argumentou ser necessário compreender o desenvolvimento do pensamento de Tomás de Aquino sobre essa questão, a fim de apreender a síntese complexa e a

---

[4] *Insight*, Epílogo, p.769.

dinâmica alcançada e evitar a desintegração "da solução em alternativas irreconciliáveis".⁵

Outros escritos desse período de "aprendizagem" com Tomás de Aquino são os quatro artigos publicado em *Estudos Teológicos* e posteriormente recolhidos em *Verbum: Word and Idea in Tomás de Aquino* (CW, v.2). Lonergan explora a analogia trinitária da *Summa Theologiae* I. qq. 27 e 93. A análise desloca-se das perguntas teológicas sobre a graça e liberdade para as questões filosóficas sobre a interioridade, isto é, como Deus se revela na consciência. O fulcro é a análise do ato humano de compreensão. Lonergan emprega o método do desenvolvimento histórico para entender como Tomás recontextualizou as analogias psicológicas de Agostinho sobre a Trindade mediante a psicologia metafísica de Aristóteles. A novidade é que as "técnicas introspectivas" usadas por Agostinho e Tomás para analisar a mente humana não comportam o fundamento do seu modo de operar. Falta apropriarmo-nos do que sucede quando conhecemos e do que conhecemos quando sucedem os atos de intelecção.⁶

Depois de concluir a dissertação, ensinou nos seminários de Montreal e, ainda, em Toronto. Entre 1953 e 1965, leccionou na Universidade Gregoriana, de Roma, até lhe ser diagnosticado câncer no pulmão. Após a intervenção cirúrgica, recuperou-se, foi para Regis College, em Toronto, sendo-lhe reduzidas as obrigações letivas e concentrando-se na investigação. Aí ensinou até 1975, com uma breve passagem por Harvard em 1971-1972. O seu último cargo de ensino foi em Boston College, 1975-1978.

Entre 1949 e 1953, Lonergan redige *Insight*, publicado em 1957. O livro tem 875 páginas na edição definitiva, da Universidade de Toronto; são muitos os que confessam nunca o ter lido por inteiro e poucos o releram. A escrita é laboriosa, e com evidente peso de quem leu muito latim escolástico. O

---

⁵ Patrick H Byrne, "The Fabric of Lonergan's Thought", in *Lonergan Workshop*, ed. by Frederick Lawrence, Atlanta: Scholars Press, 1986, p.69.
⁶ Ibidem, p.55-7.

estilo é adequado ao método, mas o conteúdo nem sempre é fácil de seguir: por vezes é, decepcionantemente simples, outras vezes tem uma obscuridade que não é acompanhada da aura das escolas analíticas e existencialistas. Mas é, provavelmente, um dos únicos tratados filosóficos do século XX que revelam uma assimilação das mais importantes áreas do conhecimento humano, digerindo uma complexidade que ultrapassa em muito as situações epistemológicas interpretadas em tempos passados por Platão e Leibniz.

Lonergan chamou-lhe "um ensaio de autoapropriação". Pretendia que fosse "uma exploração dos métodos em geral, em preparação para um estudo do método da teologia": mas ao saber que seria transferido para ensinar em Roma[7] teve de "arredondar" o projeto. A intenção de *Insight* é colocar cada um de nós a prestar atenção ao seu próprio conhecimento. O livro está estruturado para responder a duas questões: O que sucede quando estamos a conhecer? E o que conhecemos, quando isso sucede? A resposta à primeira questão viabiliza uma teoria cognitiva e uma epistemologia (cap.1-10) O capítulo 11 serve de enlace para a segunda questão cuja resposta origina uma metafísica (cap.12-17). Os últimos capítulos estabelecem a possibilidade da ética e da teologia (cap.18-20).

O escopo da obra é imenso:

> A autoapropriação da nossa autoconsciência intelectual e racional começa como teoria cognitiva, expande-se para uma filosofia fundamental e uma ética, e avança para uma concepção e uma afirmação de Deus, para ser finalmente confrontada com o problema do mal que exige a transformação da inteligência autoconfiante no *intellectus quaerens fidem*.[8]

Creio que, se cumpriu esses objetivos, tornou-se a mais importante obra de filosofia para o século XXI.

---

[7] *A Second Collection*, p.268.
[8] *Insight*, Epílogo.

Uma opinião preguiçosa sobre Lonergan apresenta-o como um tomista que, mais tarde, procurou integrar o pensamento de Tomás de Aquino com a filosofia, as ciências e historiografia modernas. Mas Frederic Crowe afirma que os interesses fundamentais de Lonergan precedem o estudo da escolástica.[9] As primeiras ocorrências do conceito de intelecção surgem em escritos sobre Euclides, e sobre o juízo reflexivo em Newman. Esses horizontes foram adiados durante os onze anos que Lonergan levou a "alcançar a mente de Tomás". Mas o que Lonergan encontrou nesse "retiro intelectualista" permitiu-lhe ampliar o interesse inicial pela intelecção, usando-a como chave de compreensão do vasto horizonte dos seus conhecimentos.

Entre 1956 e 1964, Lonergan escreveu tratados teológicos com cerca de 1.400 páginas. Escritos em latim para os seus alunos na Universidade Gregoriana, não tiveram circulação, nem ele os considerou particularmente válidos; considerou-os meras reflexões adaptadas ao sistema vigente. Uma situação parecia-lhe intolerável: tinha de dominar o Antigo e o Novo Testamentos, a Patrística, os períodos medieval e da Reforma, a teologia moderna e a filosofia contemporânea, e essa dispersão colidia com a especialização crescente das ciências históricas. Como então escreveu: "O novo desafio vinha das *Geisteswissenschaften*, a partir dos problemas da hermenêutica e da crítica histórica, e da necessidade de integrar as conquistas do século XIX, nesse domínio, com os ensinamentos da religião católica e teologia católica".[10]

A esse desafio Lonergan respondeu com o livro *Método em Teologia*, publicado em 1964. O título promete menos do que o livro realmente oferece: um ensaio de metodologia geral, ilustrado por problemas específicos das disciplinas científicas. Em *Insight* expusera a origem dos métodos em geral no dinamismo da consciência; no *Método* apresentou

---

[9] Crowe, 1992, p.39-40.
[10] *A Second Collection*, p.277.

os método das ciências humanas e da teologia como especificação da metodologia.

A obra permitiu-lhe consolidar o que já mostrara em *Insight* e nos artigos *Verbum*; a importância do chamado "quarto nível" da consciência, referente à liberdade. Se *Insight* fora uma exploração do conhecimento e uma expansão de saber até incluir a noção de juízo, o *Método* visa integrar plenamente a decisão. A estrutura tríplice de *Insight* é integrada na estrutura superior quadripartida de experimentar, entender, julgar e decidir. Essa estrutura integra pensamento e ação, conhecer e fazer, constituindo a invariante de todos os métodos de conhecimento.

Com base na estrutura quadripartida, Lonergan introduz um conjunto de oito operações correlacionadas, a que chama de "especialidades funcionais". A pesquisa histórica define o âmbito das três primeiras: Investigação, Interpretação e História. Em quarto lugar vem a Dialética, que procura os valores subjacentes aos conflitos, e que convida o investigador à decisão. Cada um deve assumir a responsabilidade de decidir "de que maneira ou medida, devo eu carregar o fardo da continuidade ou arriscar a iniciativa de mudança".[11] As quatro especialidades funcionais seguintes completam o ciclo da compreensão de acordo com o horizonte – ou sua ausência – de apropriação intelectual, moral e religiosa. Os Fundamentos explicitam o grau de apropriação; a Doutrina seleciona a partir das matérias classificadas pela Dialética. A Sistemática busca um entendimento coerente da Doutrina escolhida, e a Comunicação traduz esse entendimento em cada ambiente cultural.

Todo o livro é um exercício de apropriação intelectual em que se trata de aprender a distinguir entre tipos diferentes de conhecimento, e discernir o respectivo alcance. O *Método* desenvolve a apropriação moral e religiosa, apenas esboçada em *Insight*. A apropriação moral é a passagem da autossatisfação

---

[11] *Method in Theology*, New York: Herder and Herder, 1982, p.135.

para o valor como critério de decisão e ação. A apropriação religiosa é o amor, ou seja, o estar apaixonado de forma irrestrita. E teríamos ainda que falar de apropriação estética *Topics in Education*, texto derivado das conferências pronunciadas em 1959, em Cincinnati, sobre o papel da filosofia na educação. Os *Tópicos* não só constituem uma reexposição completa das teses de Lonergan, como mostram o diálogo com outras áreas científicas e filosóficas.

Na última década de vida, Lonergan dedicou-se a investigações no campo da economia. Movido por um impulso pastoral nos anos 1930, virou-se para a análise econômica, criando uma teoria inovadora da natureza dos ciclos econômicos (*For a New Political Economy*, Toronto, CW 21). Quarenta anos depois, em Boston, tendo completado o *Método*, e depois de ter considerado retomar as reflexões religiosas no âmbito da sua metodologia, retomou os temas de economia. Enquanto lecionava cursos de pós-graduação sobre macroeconomia e o bem humano, completou uma obra fundamental, *Macroeconomic Dynamics: An Essay in Circulation Analysis*.[12] Para surpresa dos que desprezam o seu pensamento como "intelectualista", Lonergan observou que o seu estudo da economia foi realizado para que "as viúvas e os órfãos não morressem de fome".[13]

Bernard Lonergan utiliza o conceito de Michal Kalecky sobre a existência de dois tipos distintos de bens, de consumo e de produção, e adiciona um sistema de duplo circuito monetário, a circulação monetária de mais-valia e a circulação monetária básica e a ideia de dois ciclos distintos, o ciclo comercial (que é inconstante) e o "ciclo puro" que envolve a importância de se gastar dinheiro em aumentos de produtividade, para ter aumento do padrão de vida no ciclo seguinte. Segundo Stephen Martin, a macroeconomia de Lonergan tem a sofisticação teórica de um Adam Smith, Karl Marx, John Maynard Keynes e Milton Friedman. As suas contribuições

---

[12] Toronto, 1999, CW 15.

[13] Patrick H. Byrne, "*Ressentiment and the Preferential Option for the Poor*", Theological Studies, v.54, p.241, 1993.

são necessárias, especialmente quando a depressão econômica está no horizonte, e os "*booms*" que aumentaram o nível de vida da maioria da população no globo até a grande crise de 2008 foram seguidos por perturbação crescente. Em 2010, a economia caminha em território desconhecido.[14]

Um especialista escreveu algures, e pouco generosamente, que "Lonergan estava sempre a afiar a faca, mas nunca cortou nada com ela", criticando-o por ser um metodólogo.[15] É uma apreciação enganadora. É verdade que podemos considerar as obras de referência, *Insight*, *Método* e *Tópicos*, como livros de metodologia. Mas é ainda mais verdade que Lonergan foi um filósofo profundamente preocupado com os desafios de conhecimento no mundo da segunda metade do século XX, em explosão de informações; que considerou imprescindível o diálogo com autores cruciais da filosofia e das ciências; que contribuiu para uma perspectiva universal do conhecimento. Sobre essas propostas fundamentais, há ainda muito a aprender com ele e a recepção do seu pensamento ainda agora começou.[16]

Sendo-lhe diagnosticado câncer no cólon em 1983, Bernard Lonergan veio a morrer em Pickering, Ontário, em 26 de novembro de 1984, aos 79 anos de idade. É muito provável que tenhamos perdido, nesse dia, um dos maiores filósofos do século XX.

---

[14] "Why Lonergan?" por Stephen Martin, Celebração Inaugural do Seton Hall University Lonergan Institute, 16 de novembro de 2006.

[15] Byrne, 1986, p.69.

[16] A recepção em Portugal de Bernard Lonergan foi iniciada no tomo 63, 2007, fasc. 4, da *Revista Portuguesa de Filosofia*, *Commemorating 50 Years of* Insight, coordenada por J. J. Vila-Chã.

OBRAS PRINCIPAIS DE BERNARD LONERGAN

Grace and Freedom: Operative Grace in the Thought of St. Thomas Aquinas. Ed. J. Patout Burns, introduction by Frederick E. Crowe. London: Darton, Longman & Todd, 1971.

Verbum: Word and Idea in Aquinas. Ed. Frederick E. Crowe and Robert M. Doran, CWL 2. Toronto: University of Toronto Press, 1997 [1967].

Insight: A Study of Human Understanding. Ed. Frederick E. Crowe and Robert M. Doran, CWL 3. Toronto: University of Toronto Press, 1992 [1957].

Collection. Ed. Frederick E. Crowe and Robert M. Doran, CWL 4. Toronto: University of Toronto Press, 1988 [1967].

Method in Theology. New York: Herder and Herder, 1982.

A Second Collection. Ed. William F. J. Ryan and Bernard J. Tyrrell. Philadelphia: Westminster Press, 1974.

A Third Collection. New York: Paulist Press, 1985.

Topics in Education, CWL 10. Toronto: University of Toronto Press, 1993.

For a New Political Economy. Ed. Philip J. McShane, CWL 21. Toronto: University of Toronto Press, 1998.

Macroeconomic Dynamics: An Essay in Circulation Analysis. Ed. Frederick Lawrence, Patrick Byrne, Charles Hefling Jr., CWL 15. Toronto: University of Toronto Press, 1999.

Phenomenology and Logic: The Boston College Lectures on Mathematical Logic and Existentialism, CWL 18. Ed. Philip J. McShane. Toronto; Buffalo: University of Toronto Press, 2001.

1. O DESEJO DE CONHECER

O que é a intelecção?

Como qualquer outro tratado de filosofia, é objetivo de *Insight* procurar verdades sobre nós e o mundo que nos rodeia, em vários registos de objetividade. Mas essa "autoapropriação do sujeito" proposta e realizada mediante um método transcendental subjacente a todos os tipos de conhecimento humano é muito original. Os primeiros capítulos do livro oferecem-nos exemplos de intelecção na matemática e ciências naturais e, a seguir, a exemplos de intelecção no senso comum, para indicar como passamos à determinação das características da realidade. Realidade é que conhecemos por meio de um juízo verdadeiro. E apesar desse ponto de partida muito simples, *Insight* é uma obra de grande vulto que atende aos desenvolvimentos internos da filosofia como aos avanços científicos no século 20.

À primeira vista, pode parecer-nos um programa demasiado intelectualista. E contudo, *Insight* é um livro sobre o desejo, "o desejo irrestrito, imparcial e desinteressado de conhecer", expressão que se repete como um *mantra* ao longo da obra. Afinal, é essa a raiz da filosofia. Conhecer não é o mais difícil. Difícil é explorar o desejo de conhecer, sendo fiel a esse impulso originário que nos faz procurar afirmações consistentes sobre os fenômenos e acontecimentos que nos rodeiam e, também, coerência entre os nossos pensamentos e ações. Seria um livro de epistemologia se as apresentações sobre as ciências e o senso comum não ultrapassassem o objeto conhecido. Mas o que Lonergan pretende, sempre, é iluminar os atos do sujeito conhecedor, ao tratar das relações entre conhecimento e realidade, ciência e cosmologia, ética e economia, questões de interpretação e experiência religiosa, como aqui procurarei mostrar.

O desejo de conhecer procede segundo intelecções, ou seja, atos de descoberta. A intelecção sucede quando compreendemos e respondemos a uma questão suscitada por uma experiência, libertando-nos da tensão da investigação. Ocorre de maneira muito variada e não há regras para descobrir; pelo contrário: a intelecção é que origina as regras. Não se aprende com um método; os diversos métodos é que resultam de atos específicos de intelecção. Aprendemos em livros porque os livros exprimem os resultados de atos de descoberta. A situação é bem ilustrada pelo célebre grito de "Eureka" de Arquimedes ao descobrir o princípio de impulsão; mas também poderíamos ilustrar com a mudança do nome "Cabo Tormentoso" para "Cabo da Boa Esperança" porque o rei D. João II considerou ser esse o significado da descoberta do caminho marítimo para a Índia.

A intelecção oscila entre o concreto e o abstrato. É captação do mundo concreto por meio dos sentidos. É exploração da realidade por meio da imaginação artística. É conhecimento expresso nas leis das ciências. E por isso, quando dizemos que todo o conhecimento procede segundo intelecções, queremos mesmo significar "todo", nas ciências exatas, ciências humanas, filosofia, senso comum e teologia.

Uma distinção importante a fazer é entre intelecções diretas, aparentemente mais simples, e que indicam a solução em falta, e intelecções inversas que descobrem que é preciso reformular uma questão que conduziu a um impasse. Para provar que uma questão está mal colocada é necessário reequacionar os termos da explicação. Por exemplo, o postulado básico da Teoria da Relatividade Restrita, de Einstein, obriga a uma revisão drástica das noções convencionais de tempo e espaço e invalida as concepções correntes de repouso absoluto e da absoluta simultaneidade de ocorrências, as quais passam a estar apenas distanciadas no tempo.

O significado da intelecção inversa é realçado pela noção de "resíduo empírico". Trata-se de dados da experiência que não são compreensíveis num dado patamar de intelecção, e que exigem uma inteligibilidade superior. O resíduo empírico exige que estejamos "sempre a aprender"; precisamos de novas generalizações para compreender o que passa em nosso redor; e se queremos dominar o essencial, temos de fazer variar o incidental por meio de intelecções diretas. As intelecções posteriores ultrapassam as limitações das anteriores, fazendo surgir uma perspectiva superior. A Teoria da Relatividade de Einstein é uma "perspectiva superior" que explica todos os resultados da observação e experiência segundo a "perspectiva inferior" de Newton, e também explica outros fenômenos, tais como o aumento na massa dos objetos à medida que se deslocam a uma velocidade que se aproxima da velocidade da luz.

A teoria cognitiva

O fulcro da teoria cognitiva de Bernard Lonergan é que conhecer é identificar realidades, por meio da experiência atenta, da captação inteligente e da afirmação razoável. A intelecção começa por incidir sobre dados dos sentidos ou imaginados, o que nos exige distinguir entre experiência e intelecção: a experiência ocorre num nível, o entendimento noutro. Em segundo lugar, as intelecções ocorrem espontaneamente, ficando por apurar se estão corretas; donde ser preciso distinguir entre a intelecção e o juízo, ou compreensão reflexiva com que identificamos as realidades.

Essa tríplice estrutura de experimentar, compreender e julgar constitui o conhecer, e Lonergan convida-nos a que a identifiquemos na mente de cada um de nós. A experiência dá-nos peças soltas de informação. O entendimento capta uma unidade. E o conhecimento fica completo com um juízo que capta uma realidade como "virtualmente incondicionada". Adquirida a importância dessa estrutura, que recolhe o que há de melhor na gnosiologia, estamos prontos para nos lançarmos para os domínios da epistemologia, da ontologia, da teoria da interpretação, e da ética.

É aceitável afirmar que as filosofias vacilam entre o empirismo, o idealismo e o realismo. Cada uma dessas posições valoriza, respectivamente, uma das operações básicas do conhecimento.[1] O empirismo supõe erradamente que só a experiência nos faz contatar com o mundo real. Segundo o idealismo bastaria encontrar o conceito adequado. Mas em ambos os casos, estaríamos a conhecer como quem "olha" para o mundo, e a esquecer que é preciso inquirir os dados da experiência mediante questões colocadas pelo entendimento e responder com juízos racionais; só no termo do processo de captação inteligente e da afirmação razoável é que podemos dizer que conseguimos identificar realidades. Conhecer não é ter uma imagem; é construir um juízo verdadeiro; mesmo um poeta e um artista têm esse desejo de conhecer, donde o incansável aperfeiçoamento de obras que caracteriza a personalidade criadora.

A tendência natural de confundir conhecimento com extroversão – situando a realidade como um conjunto de fenômenos no mundo exterior "agora e lá fora" – deve ser ultrapassada por uma reorientação dos nossos processos intelectuais. Como escreve Lonergan, "o objetivo não é determinar uma lista das propriedades abstratas do conhecimento humano, mas ajudar o leitor a efetuar uma apropriação pessoal da estrutura concreta, dinâmica, imanente e recorrentemente operativa das suas próprias atividades cognitivas". Por outras

---
[1] *Topics in Education*, p.179-80.

palavras: para pensarmos com objetividade e sentido de verdade, temos de começar por nos tornar cientes dos atos que modelam o modo como pensamos. Só então começaremos a conhecer tanto os nossos princípios como os nossos preconceitos, as limitações e os recursos. E só assim descobriremos conteúdos válidos de conhecimento.

Tal como Brentano e Husserl, Lonergan distingue entre ato e conteúdo da intelecção, unidos por uma "relação de intencionalidade". O visto é diferente do ato de ver, o pensado é diferente do ato de pensar, o feito é diferente do ato de fazer. A correlação de conteúdos entre si é, essencialmente, do âmbito da ciência. A sua relação conosco é da ordem do senso comum. Quanto à correlação dos atos, essa interessa à filosofia que, de certo modo, irá transformar o "desejo de conhecer" no "conhecimento do desejo". Essa é a revolução lonerganiana, sintonizada com a grande tradição de toda a filosofia moderna que procura determinar o sentido da relação do sujeito finito com o horizonte infinito que ele descobre e que define segundo princípios cada vez mais amplos, ligados à matéria, à vida, à essência, à existência e ao ser.

A filosofia tem as suas limitações em conhecer os fatos, ou como Lonergan lhes chama, o "virtualmente condicionado". Mas os filósofos transformam essas limitações em recursos para responder ao desafio do desejo de conhecer. Todo o conhecimento do virtualmente incondicionado baseia-se numa captação das condições do conhecido e da verificação que essas condições estão cumpridas. O conjunto dessas condições é o que ocorre na consciência. Assim, no ato cognitivo existe um elemento superior ao conteúdo e que o diferencia de ocorrências inconscientes. E o laço entre o condicionado e as condições reside na proposição "eu sou um sujeito cognoscente", ou seja, uma consciência.

A situação do conhecimento com que nos confrontamos na existência é muito complexa. Platão criou o eterna alegoria da caverna para a elucidar e gerações sucessivas de filósofos deram novos passos nessa questão. Deparamos com informações descosidas e dados soltos, e queremos descobrir coerências entre esses dados, criando um todo inteligível. Poderemos considerar que essa ordem procurada é apenas um produto da mente humana, variável conforme os quadros conceptuais que predominam no nosso tempo; assim procedem as interpretações historicistas. Ou podemos mesmo negar que exista essa ordem inteligível e racionalidade no processo de compreensão, como propõem o relativismo e cepticismo contemporâneos.

Ora, segundo Lonergan, o melhor guia que temos para nos orientar nesses labirintos da relação entre conhecimento e realidade são os atos de intelecção. Há muito mais a dizer em filosofia e podemos mesmo aceitar que "há mais coisas no céu e na terra do que em qualquer filosofia". Mas se, como diz Lonergan, procurarmos conhecer de modo "atento, inteligente racional e responsável", concluiremos que os fenômenos que experimentamos e a ordem inteligível em que estão inseridos são aspectos do mundo objetivo e real, e que existiriam mesmo sem seres conscientes.

2. Conhecimento científico e mundo

Método clássico e estatístico

A abordagem da ciência por Bernard Lonergan começa, tranquilamente, pelo que se chama a lógica da descoberta científica, e tem como objetivo demonstrar que a ciência proporciona a ilustração mais espectacular do conhecimento humano. Nos primeiros capítulos de *Insight*, Lonergan insiste na apresentação da teoria da relatividade de Einstein, e na mecânica quântica, de Max Planck, para sugerir que as teorias científicas definem muito bem que a realidade nunca é um "conjunto de coisas" para que olhamos, ou que podemos imaginar; as teorias constroem a realidade como uma identidade que podemos conhecer por meio da captação inteligente e da afirmação razoável. Nesse sentido, podemos afirmar que as grandes conquistas da ciência contemporânea são os melhores aliados de Lonergan na realização de *Insight*.

A posição inicial do cientista é muito semelhante à da pessoa de senso comum. Um cientista procura intelecções para explicar o domínio que investiga. Confronta-se com semelhanças das coisas em relação a nós (sensível) e semelhanças das coisas entre si (inteligível). Parte de dados conhecidos, e sabe que existem outros que são desconhecidos. Mas tem um grande recurso que é testar hipóteses, do tipo "Suponhamos que x...". Ora, nós distinguimos entre coisas que se relacionam conosco, e que são experimentadas, e coisas relacionadas entre si, e que são compreendidas. O senso comum serve-nos para lidar com as relações das coisas com os nossos sentidos e as nossas opiniões; a ciência trata das relações inteligíveis das coisas entre si. O senso comum tem interesses e preocupações do quotidiano. Cada pessoa tem impulso para conhecer e cada comunidade tem um conjunto de respostas. Como definir esses termos e postulados desse senso comum? O senso comum é uma especialização da inteligência no particular e no concreto. Limita-se a soluções que funcionam e consiste numa vasta acumulação de insights mas não coloca questões de ordem teórica. É aceitável seguir o senso comum para compreender o particular; mas só a ciência nos fornece o universal.

Foi essa distinção radical entre senso comum e ciência que permitiu uma evolução espectacular do saber na Grécia Antiga e que teve em Platão e Aristóteles os seus primeiros sistematizadores. Aristóteles viu bem que conhecer é captar o universal no particular e, depois, julgar se é esse o caso, ou se isso existe. Conhecer "a natureza de" é encontrar o universal; a individualidade particular pertence ao "resíduo empírico". Os escolásticos medievais distinguiram, posteriormente, entre questionar sobre *quid sit*? "o que é?", "de que natureza é?" e *an sit*? "se"existe", "se ocorre?". Mas Aristóteles não viu que as semelhanças sensíveis apenas fornecem uma classificação provisória da realidade. E a ciência não se satisfaz com semelhanças explicativas. As semelhanças das coisas na sua relação conosco (as chamadas qualidades secundárias) permitem classificar rochas, plantas, animais etc., mas são inúteis para o estudo das relações das coisas entre si. As ciências procuram as séries de relações tais como as que existem entre os elementos químicos na tabela periódica, ou entre as partículas atômicas, ou as sucessivas fases da vida, segundo a teoria da evolução.

As intelecções científicas não estão condicionadas pelo espaço ou pelo tempo. Por exemplo, uma vez compreendidas, as fórmulas dos compostos químicos são sempre as mesmas. A cor que percepcionamos pode depender da nossa vista mas o comprimento de ondas luminosas é fenômeno independente do estado do observador. O paradoxo bem resolvido dos métodos de investigação científica é que servem para conhecer o que ainda não se conhece; e a força da ciência no mundo moderno resulta de investigar com êxito correlações ainda não especificadas e funções ainda indeterminadas.

Afirma Lonergan que a ciência moderna começou quando Galileu insistiu que era preciso atender às semelhanças das coisas entre si. Claro que já tinham existido grandes nomes da ciência astronômica como Copérnico, Brahe e Kepler. Pode-se mesmo argumentar que houve cientistas medievais como Rogério Bacon e Nicolau Buridan. E foi inestimável o contributo dos matemáticos árabes, como foi valioso o contributo dos portugueses Nunes e Sanches para estabelecer a atenção à experiência "madre de todas as coisas". Muito mais haveria a dizer sobre as origens da ciência moderna. Mas Galileu trouxe um método e os cientistas atingem resultados ao aplicarem métodos. O paradoxo dos métodos é que estabelecem meios para dominar finalidades ainda desconhecidas. Ora, como ajustar os meios para fins que ainda se desconhecem? Como conhecer o que ainda não se conhece? A resposta é: estrutura heurística. E Galileu estabeleceu uma das mais poderosas estruturas heurísticas da história da humanidade, a ciência moderna.

A ciência procura correlações ainda não especificadas, e funções ainda indeterminadas: a especificação obtém-se por meio de medidas, criando tabelas, e exprimindo as intelecções obtidas mediante uma correlação geral, chamada "função". Essa tem uma expressão matemática e, desde que verificada, define um limite para o qual convergem as relações entre medidas futuras. Se os dados convergem, as deduções são possíveis, e as previsões também. Essa é a estrutura heurística clássica, sistematizada na física moderna e que antecipa uma inteligibilidade adquirida por intelecção direta.

A ciência clássica preocupa-se com o fenômeno acontecido, mantendo-se constantes outros fatores, *sic ceteris paribus*. As suas leis não informam sobre fatos, mas sim sobre consequências de certos fatos. Mas a ciência contemporânea, na física como na genética, na biologia como na meteorologia, na economia como na sociologia, criou um novo tipo de estrutura heurística, a que Lonergan chamou "estatística". Esse tipo de investigação preocupa-se com ocorrências, ou seja, agregados de acontecimentos como são os movimentos de moléculas dos gases, partículas subatômicas, saldos de natalidade, fluxos financeiros etc. Cada um desses acontecimentos isolados obedece às leis clássicas mas a probabilidade de ocorrência é determinada por leis estatísticas.

Na heurística estatística, as deduções são restritas ao curto prazo e as previsões indicam probabilidades. Compare-se, por exemplo, os movimentos dos planetas com as inconstâncias do clima. Os astrônomos sabem prever eclipses mas os meteorologistas precisariam dos dados da situação climática inicial para que as suas previsões climáticas fossem absolutas. Os astrônomos estão absolutamente certos sobre as datas dos eclipses passados ou futuros; os meteorologistas carecem de dados para nos dizer, com certeza absoluta, o que se vai passar amanhã, quanto mais dentro de uma semana, um ano, ou um século. Podemos afirmar que os astrônomos analisam fenômenos cuja probabilidade de ocorrência é de 100%, enquanto a probabilidade de acerto dos meteorologistas nunca alcança, por definição, esse limite.

O que se passa é que o método estatístico analisa um processo não sistemático para o qual não existe uma intuição única abrangente. Uma consequência importante é de que os processos sistemáticos são monótonos – como o movimento dos planetas – enquanto os não sistemáticos integram novidades – como sucede com o clima, ou os fenômenos econômicos. Os processos sistemáticos são reversíveis e, por isso, os deterministas afirmam, com razões melhores ou piores, que o universo é sistemático; uma vez que se conheça a situação num determinado tempo e as leis segundo a qual se desenvolve, poder-se-ia demonstrar qualquer fato, passado, presente ou futuro.

A heurística clássica da ciência moderna procede segundo o princípio de que não se devem negligenciar diferenças. A investigação estatística contemporânea passou a desprezar as diferenças arbitrárias. Adquiriu, assim, uma característica de indeterminismo que pressupõe que o concreto não pode ser absolutamente determinado a partir de um conjunto de premissas sistemáticas. Costuma apontar-se a microfísica de Max Planck como o primeiro grande exemplo de indeterminismo. Lonergan sustenta que, já antes, Darwin introduziu o probabilismo na investigação. E, aliás, não interessa tanto quem começou como o fato de a ciência contemporânea corresponder a uma nova estrutura heurística. Sendo qualquer teoria científica susceptível de aperfeiçoamento e revisibilidade, o que conta são os processos cognitivos e a natureza das novas intelecções implicadas na ciência contemporânea.

A investigação estatística despreza a arbitrariedade das frequências e procura regularidades que são expressas em frações adequadas, chamadas probabilidades, e anotadas numa variante do cálculo diferencial, o cálculo estocástico. Tanto as probabilidades como os estados que definem são uma criação da consciência; os nossos sentidos apenas apreendem agregados de acontecimentos. As probabilidades são entidades abstratas cuja existência tem de ser verificada: e são verificadas na medida em que as frequências seguintes de acontecimentos se conformam às expectativas criadas.

O problema prático da investigação estatística é encontrar amostras representativas, ou seja, um conjunto de frequências efetivas relativas que permita delinear uma probabilidade correta. A noção de probabilidade assemelha-se, em geral, à noção matemática de limite. É também um número e apenas pode ser alcançada, a partir de dados, mediante atos de intelecção. Uma investigação metódica deve indicar o que um ato de consciência descreve. Na investigação clássica pesquisa-se a natureza de x, já descrita, enquanto a investigação estatística preocupa-se com o estado de y. Em ambos os casos descreve-se o que é captado como algo dado, mas ainda não compreendido. Na investigação clássica, conhece-se mediante a compreensão de dados de diferentes tipos, enquanto a investigação estatística conhece estados ao compreender sequências de acontecimentos excepcionais. Ambas as investigações exigem um ato de intelecção que é mais do que observação, e que apreende o que é universal e constante no que está sujeito a diferenças contingentes. As intelecções são universais e abstratas. As leis clássicas abstraem e aceitam os dados, aceitando o princípio *ceteris paribus*. A investigação estatística abstrai das diferenças contingentes e exprime uma inteligibilidade própria dos agregados coincidentes.

Todas essas considerações mostram que a visão estatística é consistente com as propostas clássicas. As leis clássicas indicam o que acontece se as condições se reunirem; as leis estatísticas indicam a frequência com que se espera que as condições estejam reunidas. Ambas as modalidades têm que ser verificadas porque os atos de consciência exercidos como tais apenas captam possibilidades. A investigação clássica afirma o que sucederia se certas condições se verificassem. A investigação estatística afirma com que frequência se pode esperar que as condições se verifiquem. O tipo de previsão é variável. A clássica é exata, dentro de limites. A estatística é rigorosa mas não pode ser "exata", porque as frequências efetivas diferem das probabilidades. Se eventos prováveis não acontecem é devido à interferência de algum fator sistemático. Então, será preciso decidir, por tentativa e erro, se esse tipo de eventos se prestam à compreensão clássica se à estatística.

Cânones de investigação científica

O método empírico generalizado, seja clássico, seja estatístico, opera como uma tesoura, sendo a "lâmina superior" uma série de generalidades que carecem de determinação e a "lâmina inferior" um conjunto de hipóteses, deduções, testes e revisões. A possibilidade de interpretação também implica uma "lâmina superior" de generalidades e uma inferior de técnicas apropriadas. O problema da ciência está na "lâmina inferior", sempre a ser alterada por novos dados e descobertas que exigem a alteração das generalidades da "lâmina superior". Para analisar esse processo de descoberta, Lonergan estabelece o que chama de cânones de investigação científica e que resume a seis, a saber:

1. seleção,
2. operações,
3. relevância,
4. parcimônia,
5. explanação completa e
6. resíduos estatísticos.[1]

O investigador tem de: selecionar dados da experiência sensível; realizar operações como observações, experiências e aplicações práticas; procurar ser relevante ao visar a inteligibilidade imanente dos dados; usar de parcimônia, só acrescentando aos dados as leis necessárias; procurar a explanação completa, tendo em conta todos os dados. A "velha opinião filosófica" de que a extensão é uma qualidade primária real e objetiva não pode dispensar o filósofo da tarefa de determinar empiricamente a correta geometria das extensões e durações experienciadas. Finalmente, embora todos os dados devam ser explicados por leis do tipo clássico, existem resíduos que exigem uma explicação de tipo estatística.

Ao propor esses cânones, Lonergan pretende revelar a unidade inteligível subjacente às regras diversas, e aparentemente desconexas, do método empírico. Não pretende fazer uma história do desenvolvimento do método empírico, nem um sumário de preceitos de investigação, finalidades para as quais existem excelentes contributos da epistemologia

---

[1] Cf. *Insight*, cap.3.

do século XX em Imre Lakatos, Paul Feyerabend e Karl Popper. A preocupação de Lonergan não é procurar o quê, ou o como, mas sim o porquê. O seu propósito é compreender a intelecção. E ao exibir, com maior clareza e convicção, o fato e a natureza da intelecção, contribui para criar uma metodologia de investigação.

O reconhecimento do tipo de intelecções implicadas pelos cânones de investigação ajuda a afastar várias distorções epistemológicas correntes; o "cientismo" que presume que a ciência atinge a verdade absoluta e definitiva e o "fenomenalismo" que toma o concreto pelo abstrato. Um dos muitos exemplos dados por Lonergan é que Galileu falhou ao não reconhecer o caráter abstrato da própria lei da queda dos corpos que ele descobriu. A metodologia filosófica com que Galileu pretendeu descrever "qualidades primárias" está permeada por concepções errôneas de realidade e de objetividade. E a inadequação dessas concepções surge à vista na filosofia de Kant onde os "corpos objetivos" de Galileu se tornam os componentes do mundo dos fenômenos. O indeterminismo do século XX veio purgar a ciência de várias presunções que a acompanhavam desde a Modernidade, ao mostrar que as leis científicas clássicas têm o seu lugar nos esquemas de recorrência mas devem ser complementadas por leis de natureza estatística.

O mundo como probabilidade emergente

A validade concomitante das leis clássicas e estatísticas permite a Lonergan descrever as propriedades gerais do um universo a que elas se aplicam, simultaneamente. As leis clássicas indicam o que acontece, uma vez reunidas as condições necessárias e ocupam-se do que se passaria, mantendo-se constantes outros fatores. As leis estatísticas indicam a frequência com que se espera que essas condições se reúnam e ocupam-se de agregados de acontecimentos, ou ocorrências.

Que tipo de universo fica conhecido mediante a validade concomitante de ambos os tipos de leis? Uma resposta enciclopédica faria a descrição exaustiva das particularidades desse universo. Significativamente, as enciclopédias contemporâneas estão sempre *in fieri*. Em vez do projeto iluminista do livro que responderia a todas as perguntas, temos no século XXI uma wikipédia que adota as melhores respostas (depois de devidamente verificadas pela comunidade científica). Não só não há espaço e tempo para especificar todo o universo, como talvez essa via nem seja a mais interessante. Um outro tipo de resposta é dado pela comparação entre o dinamismo da inteligência nos estádios da ciência, as fases antiga, moderna e contemporânea. Uma cosmologia à maneira de Lonergan, que nisso segue Max Scheler, consiste em identificar os sucessivos estratos do cosmos como graus da probabilidade emergente, e a que correspondem os vários níveis de investigação científica.

Algumas das questões fascinantes abordadas por Lonergan nesse tema prendem-se com o tipo de universo a que se aplicam as leis estatísticas e clássicas segundo os princípios da "probabilidade emergente" e dos "esquemas de recorrência".

Começando pelos "esquemas de recorrência", consideremos o que se passa, por exemplo, com os movimentos planetários, os ciclos da água e do nitrogênio, os ritmos biológicos das espécies animais e vegetais, ou os ciclos da vida econômica. Escolhemos propositadamente processo heterogêneos, mas em todos eles surgem fases em que cada mudança é contrariada por uma mudança de sinal oposto, por forma a restabelecer a situação inicial. Uma infecção numa parte do corpo estimula o doente a reagir para restabelecer a saúde, a menos que o seu sistema imunitário esteja afectado, como sucede no flagelo da Aids. A inflação desencadeia o desemprego que, por seu turno, faz diminuir os consumos e assim reduz a inflação. A psicologia fornece-nos exemplos de *feedback* nos nossos comportamentos porque, embora atos livres, as ações humanas são também respostas a estímulos.

Uma importante consequência de reconhecer a existência do não sistemático é a formação de sucessivos níveis de investigação científica a que correspondem diversos estratos de ser no cosmos. As relações assistemáticas no plano físico apontam para pluralidades sistematizáveis num nível químico, sem violar as leis físicas; o nível biológico permite sistematizar as ocorrências erráticas no plano químico; no homem, o nível psíquico de sensação e emoção introduz uma ordem explicativa em face dos resíduos biológicos; e finalmente, se o não sistemático existe ao nível da psique, há multiplicidades coincidentes que podem ser sistematizadas no nível mais elevado da consciência racional, sem violar qualquer lei da psique.

Um cosmos assim pode ser descrito pela imagem de uma "casa comum" em que habitam muitos tipos de entidades com exigências próprias que têm de ser compatibilizadas. Estamos longe da velha ideia aristotélica da ordem estática e longe da noção determinista de Galileu, Newton, Voltaire e Laplace, do "relógio bem regulado", com ou sem "relojoeiro".

O que é provável ocorre mais tarde ou mais cedo, mas também pode nunca surgir. Quando surge, a probabilidade de ocorrência é substituída pela probabilidade de sobrevivência e vai permitir o surgimento de esquemas futuros. Foi essa a lição de Darwin ao salientar os princípios das variações casuais e da selecção dos mais aptos. Os esquemas de recorrência elementares têm baixa probabilidade de evoluir; mas, em compensação, os grandes números e longos intervalos de tempo presentes na natureza facilitam novas formas de emergência e sobrevivência. Uma distinção importante é entre o possível, o provável e o atual. A criação do que é simplesmente possível é remota, pois exige que se verifiquem todos os esquemas admissíveis a partir das leis clássicas. A probabilidade do esquema depende da não ocorrência de eventos que o perturbem. O atual é o que existe agora, com especificações de espaço e tempo. Os esquemas atuais diferem dos prováveis de modo não sistemático.

O universo contém uma ordem interna a que se aplicam as leis clássicas e estatísticas. Cabe à cosmologia filosófica descrever as propriedades gerais, enquanto cada ciência se ocupa das propriedades específicas. A análise praticada por Bernard Lonergan apenas pressupõe que há processos cósmicos que operam segundo as leis clássicas e que ocorrem segundo as leis estatísticas. Quanto ao mais, a análise é independente do conteúdo particular de cada processo. Por isso mesmo, esse tipo de cosmologia não é afetado por avanços na teoria científica uma vez que não se ocupa de conteúdos, mas sim das estruturas heurísticas. Pelo mesmo motivo, para estabelecer essa cosmologia, não é preciso debater aspectos específicos de corpúsculos, partículas elementares, ondas electromagnéticas etc., como sucede na filosofia da ciência.

Nos fenômenos da vida na terra, há fatos e situações que ocorrem com regularidade. À primeira vista parece que esses fatos se devem à necessidade ou ao acaso. Mas poderá haver um outro caminho? Os acontecimentos poderão ser meras coincidências num nível e sistemáticos noutro? Autores como Jacques Monod continuam a falar de acaso e necessidade como as propriedades mais gerais do universo. Lonergan propõe uma cosmologia diferente. O universo não funciona segundo concepções necessitaristas, nem é um pântano do acaso, conforme a teoria do caos. A natureza "trabalha" com grande números e grandes prazos. Dados tempo e espaço suficientes, é mesmo possível e altamente provável que nela se realizem as possibilidades remotas. E é segundo essa linha de raciocínio que investigamos a emergência do fenômeno humano, do mesmo modo que outros esquemas e processos cessaram, como sucedeu com o desaparecimento dos dinossauros, ou poderão cessar ou conduzir a impasses. Como a probabilidade consiste naquilo em que as frequências efetivas divergem não sistematicamente, a própria divergência não sistemática é o acaso.

Uma outra maneira de esclarecer a visão contemporânea do universo como "probabilidade emergente" ou como "casa comum" é possibilitada pelo contraste e comparação com cosmologias anteriores.

Na Antiguidade, Aristóteles iniciou o que entendemos como ciência, distinguindo entre o necessário e o contingente, o que acontece sempre e o que acontece ocasionalmente. A ciência antiga tinha como modelo o movimento dos astros mas nunca se libertou totalmente da experiência de hierarquia cósmica. Hoje dir-se-ia que os "movimentos necessários do céu" são esquemas de recorrência, ou processos, que implicam a realização sucessiva de outros esquemas mais complexos.

Na Modernidade, Galileu mostrou que a explicação científica é muito mais do que descrição. A ciência clássica da sua época desenvolveu o determinismo. Em abstrato, é óbvio que as leis clássicas são universais e necessárias. A tabela periódica de elementos químicos, por exemplo, prescreve claramente o modo como os elementos se relacionam. A tarefa do cientista é determinar as leis de cada setor da realidade e prever os fenômenos que acontecerão necessariamente. Embora essa determinação não elimine a contingência do mundo, a tentação na Modernidade foi grande de amarrar a existência de leis científicas a supostos comportamentos de partículas materiais imaginadas.

O grande matemático e filósofo Alfred N. Whitehead considerou esse procedimento como uma "falácia do concreto mal colocado", uma sobredeterminação escusada que os pensadores materialistas acrescentaram de modo postiço às intelecções científicas. Esse determinismo encara como ignorância tudo o que não for lei absoluta porque imagina o universo como um conjunto de entidades, discretas ou contínuas, e submetidas a leis necessárias. É um mecanicismo, considerando que uma máquina é um conjunto de partes sistematicamente relacionadas. O grande filósofo Leibniz criticou esse mecanicismo com o exemplo de que se aumentássemos um milhão de vezes os componentes do cérebro humano até alcançar "o tamanho de um moinho", nem por isso veríamos o pensamento.

Em *A origem das espécies*, Darwin começa a utilizar a probabilidade como princípio explicativo, criando um tipo de inteligibilidade muito diferente da que se usava em astronomia.

O seguidor de Darwin é indiferente aos detalhes da situação básica. Obtém conclusões por apelo à seleção natural das variações causais que ocorrem. Em termos contemporâneos dir-se-ia que tal como a variação casual é uma instância da probabilidade de emergência, assim a selecção natural é um caso de probabilidade de sobrevivência. A ciência do século XX generalizou essa presença do não sistemático. Tal como uma planta ou animal pode entrar num certo processo de evolução, a teoria quântica estabelece que as partículas subatômicas podem saltar de órbita para órbita, a economia fala de cenários de evolução do preço do dinheiro, a genética estabelece probabilidades de ascendência etc.

A epistemologia de Bernard Lonergan traz algum esclarecimento à recente controvérsia entre os defensores da Teoria do Desígnio Inteligente e os defensores neodarwinistas da teoria da evolução. Segundo o "desígnio inteligente", uma vez que as estruturas complexas dos organismos vivos não são adequadamente explicadas pelo postulado das variações por acaso, seria necessário postular um agente Inteligente. O que encontramos em Lonergan desmente esse novo tipo de teodiceia. A análise lonerganiana dos métodos científicos ultrapassa as objeções dos defensores da Teoria do Desígnio Inteligente e oferece um argumento de desígnio que não se baseia na complexidade deste ou daquele organismo, mas no "desígnio" da própria evolução.[2]

Compreender o desenvolvimento

Agora que demos uma ideia do universo em que é possível descobrir eventos e esquemas de recorrência, cabe à filosofia interrogar-se sobre "o que é uma coisa?".[3]

---

[2] Cf. Patrick Byrne, *Lonergan, Evolutionary Science and Intelligent Design*, RPF, Braga, v.63, n.4, p.85-110, 2007.

[3] Cf. *Insight*, cap.8.

A resposta de Lonergan é que uma coisa implica um tipo especial de intelecção também indispensável para a compreensão do universo. Já não se trata de descobrir relações entre dados, mas sim uma unidade e identidade entre os dados dos sentidos. Para isso carecemos de fazer juízos. Existe um tipo de coisas que são extensas no espaço, permanentes no tempo, sujeitas a mudança, possuem propriedades e estão sujeitas a leis e à necessidade. Tradicionalmente chamavam-se "coisas materiais" embora seja mais usual agora chamar-lhes "energias". Mas as coisas podem nem ser objeto direto de experiência. Uma coisa é um todo inteligível captado a partir da experiência, de modo direto ou indireto, e de cuja existência nos apercebemos por meio de juízo.

A noção de coisa é indispensável para introduzir o conceito de mudança. Cada um de nós experimenta como os dados vêm e vão no fluxo de realidade; pelo contrário, as abstrações com que reflectimos são intemporais na definição e não estão sujeitas a mudança. Ora, a mudança é o que pode ser conhecido mediante sucessivas afirmações acerca da mesma coisa. Além de providenciar uma base para o conceito de mudança, a noção de coisa é necessária para a continuidade de pensamento científico. A ciência move-se da descrição para a explicação e algo tem de permanecer idêntico no processo.

A antiga lista de elementos em que os pré-socráticos tanto insistiram – água, ar, terra, fogo – faz hoje figura de coleção mítica; foi substituída pela tabela periódica de elementos de Mendeleev, estabelecida por hipótese e experimentação. Mas convém não perder de vista que são ambas "listas de coisas". As coisas nunca são apenas dados observáveis. Uma árvore pode ser vista ou imaginada e explicada, mas não um eletrão. Uma coisa não é um corpo, mas uma identidade, um todo, unidade. É preciso opor-se à tentação de extroversão – movida pela imaginação materialista – de que as coisas são corpos que "andam por aí".

A noção de mudança permite introduzir o conceito de desenvolvimento. O desenvolvimento não é o que sucede segundo as leis clássicas, nem o mais provável segundo as leis estatísticas. É o modo como uma coisa muda e se adapta com o tempo. Os desenvolvimentos ocorrem em diversos níveis ao mesmo tempo – vegetal, animal organismo e psiquismo – e, no homem, acrescenta-se a consciência racional, o *cogito*.

As investigação das sequências em que as correlações e as regularidades se modificam exige uma metodologia específica a que Lonergan chama o "método genético". O termo só pretende identificar o modo de estudar o desenvolvimento, ou seja, um processo com uma certa regularidade, mas sem periodicidade rígida.

Para compreender melhor o que ele visa consideremos, por exemplo, as relações entre as espécies animais. Vistos a partir da perspectiva da probabilidade emergente, os "animais" são "séries de soluções" para a sistematização de agregados coincidentes de processos químicos que não eram integráveis como tal. Acrescentaram-se formas de vida ao que eram relações entre moléculas químicas. As intelecções do físico e do químico são indispensáveis para conhecermos processos neurofisiológicos. Mas um organismo vivo é um sistema superior à pluralidades desse tipo. O behaviorista que defende a identidade *mind-body* dirá que os eventos psíquicos são apenas correlatos de processos físico-químicos. Contudo, o nível biológico não é redutível a estratos inferiores de ser; dizer o contrário é permitir que a imaginação materialista se sobreponha a uma compreensão atenta, inteligente e razoável. Então, o método genético exige identificarmos as sequências segundo as quais se modificam as correlações e as regularidades do comportamento animal.

O ponto essencial é acertar no operador que explica a inteligibilidade da mudança, a passagem de uma fase para outra. Por exemplo, afirma-se que a origem da agressão entre animais da mesma espécie é a idêntica à origem dos comportamentos amorosos. É o operador genético que veicula a agressão dentro da espécie, uma vez que a agressividade ajuda a disseminar uma espécie num território e assegura a procriação pelos mais fortes. Contudo, os animais também dependem de cooperação para a sua sobrevivência. Isso verificar-se-ia pela ritualização da agressão nos gestos afectivos. Segundo essa teoria, "beijar" seria um desenvolvimento do ato de "morder". Verificada ou não, a teoria ilustra bem o alcance do método genético, porque o operador é a explicação da mudança, sendo aplicável onde as relações entre sucessivas fases do sistema mutável não são diretamente inteligíveis.

Prosseguindo a explicitação de que o operador é a explicação da mudança, Lonergan assume uma posição diferente do vitalismo, que apenas acrescenta uma finalidade imaginada às espécies animais. Lonergan aceita a concepção holística de que o organismo é um todo ou, como prefere dizer, uma forma "central" envolvida por diversas formas conjugadas. As capacidades dos seres vivos variam. Um homem com maturidade difere em capacidades de um bebê. A maturidade surge com uma certa regularidade mas não obedece a uma lei clássica, porquanto não existem leis clássicas sobre a variação das leis clássicas; nem obedece a leis estatísticas, porque não se trata de uma escolha indiferente entre processos alternativos; no caso humano, a liberdade interfere no desenvolvimento e para o estudar é que existe o método genético. Em resumo e quanto às ciências: o método clássico antecipa um sistema verificado pelos fenômenos; o método estatístico antecipa que esse sistema não é constante: o método genético antecipa a sequência mutável de sistemas. Para inteligir as relações entre os vários estádios dos sistemas criados pelo homem é necessário o método dialético, requerido pelos problemas de interpretação e usado pelas ciências humanas, como adiante veremos.

Em jeito de conclusão, poderíamos dizer que Lonergan está interessado em revelar os pressupostos ontológicos do processo científico. A visão que nos pretende comunicar é que a ciência é uma criação humana a ser integrada com outros processos de cultura e que não se deve isolar como o saber por excelência. Essa abordagem implica uma complexa multiplicidade de níveis, atendendo à grande diversidade de operações científicas. Essas operações decorrem em diversos níveis de consciência, e implicam uma mediação intelectual. A ciência começa pela intelecção pessoal, e prossegue como método de alcance público, implicando uma atitude de autenticidade cognitiva por parte dos investigadores, bem como uma atitude de crença na estabilidade do real, componente muitas vezes esquecida do pensamento científico.[4]

---

[4] Cf. Artur Morão, "Horizontes e contexto da ciência em Bernard Lonergan", *RPF*, Braga, v.63, n.4, p.69-84, 2007.

3. O MÉTODO DA FILOSOFIA FUNDAMENTAL

Juízo e fato

Conforme o princípio da teoria cognitiva de Lonergan, atingimos o conhecimento pelo processo de experiência, entendimento e juízo, e só assim a realidade se torna conhecida. Esse princípio recupera as doutrinas sobre o fluxo de consciência, desenvolvidas desde as filosofias empiristas, mas destaca a inteligência que põe questões e procura respostas. Conhecer é usar as peças de um puzzle cognitivo para encontrar uma realidade. Ao descobrir-se que o conhecimento tem inegáveis pressupostos ontológicos, transita-se da teoria do conhecimento para a teoria da realidade, utilizando o sujeito como enlace. Donde, a autoafirmação do sujeito serve de ligação entre a primeira e a segunda partes de *Insight*.[1]

O conhecimento implica experiência e entendimento, mas apenas fica completo mediante o ato de juízo com que captamos uma coisa. Ao que captamos chama Lonergan de "virtualmente incondicionado". Tudo o que é o caso e que pode ser encontrado como tal no processo da experiência, entendimento e juízo é exemplo do incondicionado. Esse conhecimento é susceptível de ser alterado por desenvolvimentos no sujeito

---

[5] Cf. *Insight*, cap.11.

ou por transformações no objeto. A noção de "virtualmente incondicionado" é decisiva para evitar os impasses habituais do idealismo, em que o pensamento apenas se pensa em si próprio, como queria Hegel, ou visa uma mirífica coisa em si, transcendente ao processo cognitivo, como pretendia Kant.

O sujeito

Em qualquer experiência humana podemos sempre distinguir entre ato e conteúdo, unidos pelo que se chama uma relação de intencionalidade. Esse tema foi muito estudado na filosofia medieval e foi reintroduzido no século XIX por Franz Brentano. Diz-nos a intencionalidade que o visto é diferente do ato de ver, o pensado é diferente do ato de pensar, o feito é diferente do ato de fazer. A correlação desses conteúdos é do âmbito das ciências. A correlação dos atos de relação é do interesse da filosofia e, em particular, da teoria da consciência.

Contra o cepticismo, a filosofia sempre estabeleceu modos de afirmar que "eu sou um sujeito que conhece". O que está em jogo é a força desse princípio. Todo o conhecimento é do virtualmente incondicionado e baseia-se numa captação das condições que garantem que o conhecido seja incondicionado e do fato que essas condições estão a ser cumpridas. O enlace entre o condicionado e as condições fica bem registado na proposição "Eu sou um sujeito que conhece", ou seja, eu sou um todo, uno e idêntico aos meus atos de sentir, refletir e julgar. O conjunto dessas condições é o que ocorre na consciência. A atenção aos astos de consciência confere-lhes realce, mas não os constitui como tais. Por exemplo, ver, ouvir, andar ou mover a mão deliberadamente são atos conscientes. Ver é estar consciente da cor e, simultaneamente, estar consciente de si. Se digo que estou consciente ao ver, ouvir ou mexer é porque há algo de comum nesses atos. E decerto não é porque ver e mexer sejam o mesmo. Pode debater-se, e a filosofia o faz constantemente, o que significa a consciência de si. Mas é certo que um ato cognitivo é acompanhado por um elemento que o diferencia tanto do conteúdo como das ocorrências neurológicas inconscientes que o possibilitam. É esse elemento que identificamos como o sujeito cognoscente.

A consciência individual experimenta vários modos no que Lonergan chama o percurso de autotranscendência cognitiva e moral. O modo empírico está associado a atos de percepção e imaginação; o intelectual, a atos de intelecção; o racional capta o incondicionado por meio de juízos. Esses modos nada têm a ver com processos de introspecção e outras variações psicologistas. É a cada um de nós que cabe realizar os atos racionais com que identificamos coisas e escolhemos vias de ação. Cabe-nos decidir se a astronomia é uma ciência e a astrologia uma utopia; ou que as lendas podem ser muito interessantes mas não são história etc. Não é preciso ser um cientista para perceber uma coisa, explicar uma situação, encontrar uma solução, resolver um problema. Procedemos assim, porque somos racionais.

Mas ser consciente é diferente de afirmar racionalmente que se é consciente. O apelo do filósofo é que cada um de nós passe da posição de ser um indivíduo consciente para a afirmação de que o é, efetivamente. A consciência individual é uma unidade que permite executar um juízo racional à luz do entendimento e experiência pessoais. Ganharemos muito em dignidade e saber e liberdade, se afirmarmos essa unidade. "Conhece-te a ti próprio" e *cogito ergo sum*, são as fórmulas consagradas desse princípio.

Claro que, contra a autoafirmação do sujeito, existem numerosos argumentos, cépticos, relativistas, pragmatistas etc. E contudo, a negação da consciência é um juízo que só prova o contrário. Não vale a pena julgar que não fazemos juízos. Não posso questionar que sou um questionador. Ao mesmo tempo, também não nos satisfazemos apenas com teorias; queremos fatos. Todas as revisões no conhecimento científico são impostas por novos fatos que nos obrigaram a deixar de lado velhas teorias. Os fatos combinam o caráter concreto da experiência com a determinação da inteligência e o caráter assertivo do juízo racional. São o desiderato natural do processo cognitivo. O céptico que nega saber seja o que for não contradiz a coerência e a necessidade absolutas. Mas surge contradição se ele utilizar o processo cognitivo para o negar. A contradição só surge quando se usa mal o espírito crítico e o processo cognitivo que brota espontaneamente da exigência de razão suficiente. Tanto no que toca aos dados da consciência como ao dos sentidos, partimos da descrição em direção à explicação. A explicação com base nos sentidos não elimina inteiramente as hipóteses, embora as reduza ao mínimo. Entretanto, a explicação filosófica com base na consciência ultrapassa o que é apenas postulado.

A força da autoafirmação do sujeito é espantosa. Estou mais certo do *cogito ergo sum* do que de qualquer teoria científica que me leva a experimentar, inquirir e reflectir. Uma teoria científica está limitada pelos fatos conhecidos. Se surgirem novos fatos tem de ser modificada. Ora, essa limitação não se aplica à explicitação da consciência humana. A filosofia da consciência assenta em invariantes ou constantes do conhecimento. Não adianta apelar à reflexão para negar que há reflexão, à intelecção para negar que não há intelecções etc. A teoria do conhecimento é consolidada porque as intelecções podem ser confrontadas com os fatos incondicionados. A revisão não revê os seus pressupostos. O relativismo gosta de argumentar que a ciência empírica é o conhecimento mais fiável que possuímos, embora submetido à revisão. Mas essa afirmação esquece que antes de dizermos que a ciência empírica está submetida à revisão constante, temos de assentar em constantes do conhecimento humano.

A distinção entre coisas descritas e coisas explicadas, levada a cabo por Lonergan, não se identifica de modo algum com a distinção entre fenômenos e númenos, como surge em Kant. Essa última distinção é um dos grandes temas da filosofia moderna, basicamente derivado da distinção de Galileu entre qualidades primárias e secundárias. As categorias, que, segundo Kant, trazemos *a priori* para o conhecimento resultam de uma análise insuficiente da intelecção e, portanto, insatisfatória. É a investigação que gera compreensão e é esta que depois gera os conceitos, as categorias e os sistemas.[2]

Essa visão de Lonergan também contraria os relativistas para os quais não podem existir juízos corretos. Enquanto o empirista procura banir a inteligência, o relativista procura banir os fatos. Um relativista é alguém que, por exemplo, afirma que "este livro" e "é" são termos impossíveis de definir. Contudo, se eu posso identificar "este livro", definir o seu autor, tema, materiais composição, tipo de papel e editora, sei que o conheço como um fato virtualmente incondicionado. Numerosas filosofias do século XX optaram pela via relativista, como Rorty no mundo anglo-saxão, ou Deleuze, Foucault e Derrida entre os franceses. Embora tenham razão em insistir que o conhecimento não se resolve ao nível dos sentidos, os relativistas esquecem-se do nível da reflexão. Não somos apenas teóricos. Somos pessoas que fazemos juízos sobre a realidade.

Com certeza que é extremamente difícil chegar a definições corretas e satisfatórias porque tudo se inter-relaciona. Mas basta-nos em cada caso particular asseverar a diferença entre "existe" e "não existe". Não é preciso que nos pronunciemos sobre todo o universo em cada juízo. Basta afirmar que um fato está condicionado por um certo número de condições que se verificam. O universo não é um sistema explicativo. É, antes, um universo de fatos que divergem não sistematicamente da inteligibilidade pura. Um sistema só tem validade na medida em que se conforma a fatos descritos. Também não é preciso exigir que só podemos conhecer as coisas nas suas relações internas; isso vale para a ciência e para o conhecimento das coisas explicadas. Mas anterior a esse argumento, existe o conhecimento das coisas enquanto

---

[1] Cf. Giovanni Sala, "Kant e Lonergan. O *a priori* no conhecimento humano", *RPF*, Braga, v.63, n.4, p.263-94, 2007.

descritas. O que nos interessa é chegar à afirmação que o que "existe" ou "é" corresponde ao "sim" que ocorre no juízo e que é antecipado por perguntas tais como "o que é isto?" sendo "isto" o que Lonergan chama de resíduo empírico. Esses termos derivam do impulso da inteligência humana para conhecer, sem definições obrigatórias, e que Aristóteles identificou no fato que todo o homem deseja, naturalmente, conhecer.

O ser como tudo o que há para conhecer

E assim chegamos a uma das fórmulas "sagradas" da filosofia de Bernard Lonergan: o ser é o objetivo do puro desejo de conhecer, incluindo o conhecido e o por conhecer.[3] Por outras palavras, o ser é isomorfo do conjunto completo de respostas ao conjunto de perguntas que possamos formular de modo atento, inteligente, razoável e responsável.

A noção espontânea de ser (ser como totalidade) difere da narrativa teórica da sua gênese e conteúdo. A primeira noção é universal e invariante porque todos podem concordar que existem coisas, pelo que a noção de ser se estende para além do conhecido. Como aspiramos a conhecer corretamente, temos de julgar. E como julgar é responder à questão "é ou não é?", o ser é prévio ao conhecer. Tanto basta para qualificar Lonergan como um realista. A segunda noção varia com o contexto filosófico, com a completude das observações do pensador e da respectiva análise e, por isso, não basta um realismo qualquer e muito menos um realismo ingênuo; é necessário um realismo crítico.

Consideremos, por um instante, os objetos do pensamento. O pensar prescinde do existir porque só lida com condicionados. Tenhamos presentes, por exemplo, todos os personagens dos videojogos, produzidos e consumidos em massa e os

---

[2] *Insight*, p.377.

mundos e atos virtuais que geram uma espécie de "segunda realidade". Certamente que não "existem". Mas não faz sentido dizer que "não são"; não prescindem de "ser".

Consideremos o processo cognitivo. É certo que pensar pode prescindir, em certo sentido, de "existir", mas também prescinde do "não existir". Ao refutar o argumento ontológico na *Crítica da razão pura*, Kant equivoca-se com o seu famoso exemplo dos 100 *táleres* (ou dólares). Ou melhor, não se equivoca; está a expor o seu próprio pressuposto idealista. Eu posso pensar em dinheiro, prescindindo do fato que existe, sem extrair a conclusão errada, que ser é uma coisa e existir, outra, como fizeram Kant e muitos outros. E posso fazê-lo porque o pensar prescinde não só do existir, como do não existir, e só um juízo determina se uma coisa é ou não é e também do fato que existe ou não existe.[4]

Por outro lado, como o pensar é finalizante, tem um propósito ou desejo ínsito. O seu propósito é saber se o que é pensado existe mesmo, pelo que, finalmente, não prescinde de existir e não existir. A noção de ser é mais que pensar. A noção de ser é anterior e posterior à de pensar e à de julgar. Pensar é pensar o ser e não pensar nada não é conhecer.

Mas como pode uma noção ser um desejo? O desejo de conhecer não é como outros desejos: o desejo de ver, por exemplo, é inconsciente; a fome é empiricamente consciente e torna-se intelectualmente consciente quando se entra na confecção de alimentos e gastronomia. Mas o desejo de conhecer é racional. Se fosse inconsciente, não seria desejo, seria algo como um instinto; e se fosse empírico, não seria noção. O puro desejo intelectual de conhecer origina uma noção de ser. Por isso, cada um de nós não é apenas um desenhador de conceitos, mas um aventureiro da existência. A inteligência busca o seu reverso que é o inteligível. Conhecer e ser acompanham-se como as duas faces de uma folha de

---

[3] Giovanni B. Sala, *Lonergan and Kant: Five Essays on Human Knowledge*, transl. Joseph Spoerl; ed. Robert M. Doran, Toronto; Buffalo: University of Toronto Press, 1994.

papel ou de uma mão. O desejo de conhecer tem por objeto tudo o que há para conhecer – o "ser" ou "universo concreto". E tal como a inteligência se concentra no que é significativo, a reflexão concentra-se no que é relevante e prescinde do irrelevante.

Atingimos aqui o cerne da ontologia de Bernard Lonergan, que é, ao mesmo tempo, muito ambiciosa e muito moderada. Lonergan não pretende que possamos ter uma intuição intelectual sobre a essência do ser, nem considera que tenha sentido satisfatório, em filosofia, o que se designa por "ser absoluto". Para isso teríamos de saber tudo sobre tudo, o que é, manifestamente, uma ilusão da razão humana.

Pensamos o ser por meio dos elementos isomorfos do conhecimento. Os atos de conferir significado à realidade são essencialmente o ato formal de conceber e pensar, o ato completo de julgar e o ato instrumental da linguagem. Os termos formais de sentido são o que pensamos. Os termos completos de sentido são o que afirmamos. E no cerne de todos os atos de significado reside a intenção de ser.

A intenção de ser é uma característica do nosso pensamento. Não nos satisfazemos com termos formais, mas queremos saber se existe um ser que lhes corresponda. Os personagens, os cenários e os eventos dos videojogos, por exemplo, prendem a atenção de quem os joga como realidades virtuais; não existem, no sentido pleno do termo existência, apesar de interferirem poderosamente na existência de quem a eles se entrega. Nesse sentido, são determinações fracassadas de ser, termos formais de que a intenção de ser se desinteressou. Por isso mesmo é que satisfazem um intelecto ainda imaturo, como é o caso dos adolescentes, ou de um adulto que se desinteressou de se desenvolver ou, simplesmente, porque correspondem a um divertimento em que não investimos toda a nossa personalidade.

O conceito de ser é representado por atos instrumentais que são as palavras, pelo substantivo ser e pelo verbo ser.

Nisso tem semelhança com outros conceitos. É uma noção única porque é o cerne de todos os atos de significação, situando-se além de todos os conteúdos cognitivos. Em rigor, em vez de "Ser" dever-se-ia dizer "É!", a característica que acompanha a afirmação da realidade, incluindo a realidade dessa mesma frase.

Em síntese, Lonergan diz-nos o que significa ser: o objetivo do puro desejo de conhecer, incluindo o conhecido e o por conhecer. Para o caracterizar, devemos salientar o que o conceito tem de diferente e de excepcional:

1. Não resulta de um ato do entendimento, nem de intuição.
2. Não é uma essência como outros conceitos que prescindem de existência.
3. Apenas é definível de modo indireto como o que há para ser conhecido, deixando as várias interpretações lidarem com aspectos específicos.
4. Existem muitas interpretações válidas mas unilaterais do ser.
5. O ser não tem supostos porque só é determinável mediante juízos de existência.
6. Não é conceito unívoco, nem análogo. Seria unívoco caso se dissesse de conceitos com o mesmo significado em todas as aplicações; e análogo se o seu sentido variasse com a mudança do campo de aplicação.
7. O ser enquanto ser é noção abstrata, na medida em que significa a determinação do caráter geral do universo concreto, ou seja, o todo como visto de uma parcela. Assim, é concreta porque só e preenchida por juízos concretos.
8. É gênero porque tem conteúdo próprio; e é diferença porque complementa com novo sentido.
9. Pensar no ser é diferente de conhecer o ser.
10. É noção de universo concreto.

O ser não é uma essência captável por ato e expresso por definição, porquanto não prescinde da existência. As questões de existência foram resolvidas de modo diferente na filosofia do século XX pelas escolas materialistas, idealistas, existencialistas, fenomenológicas etc., de um modo que Inácio Bochenski nos deixou uma síntese magnífica em *A filosofia contemporânea na Europa*. Existe uma variedade de determinações porque o ser só é determinável de modo indireto; é o que há para ser captado por juízos corretos. Embora a compreensão do ser, do que "é", seja determinada por juízos verdadeiros, não é preciso fazer todos os juízos para conhecermos o processo de compreensão, ou *insight*; basta conhecermos a estrutura. É por isso que a teoria do conhecimento é a base para a determinação da estrutura do universo concreto.

Bernard Lonergan realça a descrição do ser com o que podemos aprender na história da filosofia. Os contrastes profundos entre filósofos parecem contradições, ao serem considerados por quem está de fora da filosofia. Mas, vistos do interior, correspondem a modos distintos de resolver a relação entre ser e existência. Para se descobrir "a natureza do ser, o universo concreto" é preciso refletir sobre toda a experiência e o ser só será apreendido no termo dessa reflexão.

É impossível, naturalmente, apresentar em detalhe o diálogo de Lonergan com outras posições filosóficas. O que é relevante é mostrar como ele considera indispensável dialogar com outros filósofos, embora corramos o risco de simplificar excessivamente as apreciações. Em todo caso, uma panorâmica desse diálogo ajuda a mostrar como os filósofos constroem perspectivas diferenciadas.

Destaca Lonergan que, entre os antigos, Parmênides chama a atenção para o "é" (*einai*), Heraclito insiste na razão (*logos*) como o foco de luminosidade dentro do ser; Platão distingue entre o ser sensível e o inteligível (*aistheta* e *noeta*); e Aristóteles caracteriza o ser inteligível como a causa presente no sensível, o *noeton* como *aition*. Contudo, Parmênides não compreendeu a abordagem indireta ao ser, e fixou-se na contradição entre ser e não ser. Platão não distinguiu entre níveis de inteligência e reflexão no processo cognitivo; atribui o caráter incondicionado de juízo a objetos do pensamento e o resultado é a proliferação de "ideias" no que se designa por a "barba de Platão", em gíria filosófica. Aristóteles, ao distinguir entre questões de essência para o intelecto e questões de existência para a reflexão (Existe? É assim?), respeitou os fatos mas não avançou. Para ele, explicar era apenas determinar o que as coisas são, e que propriedades possuem. Ultrapassou Parmênides e Platão, ao identificar o ser com o universo concreto que vamos conhecendo, mas não quebrou com a noção de ser como conteúdo conceptual. Desconsiderou o caráter hipotético da explicação e a necessidade de um juízo de existência.

Os medievais seguidores da metafísica de Aristóteles confrontaram-se com o problema da noção de ser como conteúdo conceptual. Tinham a seu favor a noção judeo-cristã de um Deus infinito, criador do mundo finito e, por isso, elaboraram uma metafísica criacionista. Tomás de Aquino, Duns Escoto e outros ultrapassaram o hilemorfismo de Aristóteles – a composição da matéria-prima com forma substancial – demonstrando que a existência infinita é princípio de entidade. Os nominalistas medievais como Henri de Gand achavam que a unidade do ser é apenas um nome, pois nada há de comum entre o que existe. Para Duns Escoto, o ser é apenas a negação de nada, máxima denotação. Tomás de Aquino distinguiu no desejo de conhecer entre questão explicativa *Quid sit?* e questão factual *An sit?* A afirmação de essência e existência que são objetos dos atos de intelecção e juízo é precedida pela orientação da inteligência para o ser. Todos esses sistemas parecem-nos hoje demasiado abstratos e como que desfocados pela concentração no ser infinito, porque o nosso tempo privilegia o conhecimento do mundo finito e concreto.

Entre os modernos, o problema da unidade da noção de ser resulta da relação entre o ser concebido e o ser afirmado. Os vários sistemas tentam explicar de que modo essa relação emerge como única no nosso conhecimento. Cusa, Descartes, Locke Leibniz, Hegel etc. debatem como o ser (*esse*) infinito se compõe com o ser finito (*res*), o que origina respostas antagônicas. E de modo muito característico, Lonergan seleciona pensadores considerados secundários, tais como Caetano e João de S. Tomás, para os quais o ser denota indiferentemente a proporção entre o que é formulado pelo pensamento e o que é acrescentado pelo juízo, ou seja, a proporção de essência e existência. O ser é unidade de uma função de conteúdos variáveis. Contudo, a filosofia neoescolástica estava condenada a ser ultrapassada porque se desinteressara do conhecimento do mundo concreto que a nova ciência estava a explorar.

Ser, realidade, ou universo concreto é o que há para ser conhecido por experiência, inteligência e juízo. Para nos apropriarmos desse princípio, temos de fazer a triagem do que a consciência nos apresenta como o real e o aparente. Existem numerosos preconceitos e fatores biológicos que condicionam a construção que cada um de nós faz do mundo que, muitas vezes, é apenas o nosso mundo privado, e destituído de comunicação ou uso razoável. A consciência humana é polimorfa e cada um de nós sente a atração e a tensão entre várias possibilidades de ser. Estamos sujeitos a emoções e atitudes variáveis no quotidiano; somos marcados por carências e temos preconceitos de grupo. Os existencialistas do século XX, como Nicolau Berdiaeff, Thomas Merton, Jean-Paul Sartre e Albert Camus, destacaram as experiências do sujeito existencial, revoltado contra a sua animalidade, nauseado pelo tédio, inseguro perante as explicações racionais, e a braços com a doença, o genocídio, a loucura e a morte. Materiais conflituosos não faltam para perturbar a interpretação do que nos rodeia, pelo que não deve surpreender a diversidade de teorias filosóficas.

Por outro lado, estamos no século XXI, perante um riquíssimo e quase inesgotável acervo de informações a exigirem fundamentação. Em todos os domínios do saber – ciências exatas, ciências sociais, ciências históricas, psicanálise etc., – notamos avanços profundos, alguns dos quais a desenrolar-se ante os nossos olhos. Com este panorama das ciências em expansão, é frequente desesperar da filosofia ou, pelo menos, duvidar que possa emergir alguma luz dos debates epistemológicos. Do choque entre filosofias com contraposições divergentes conclui-se, precipitadamente, que não existe uma filosofia fundamental. Não cometeríamos esse erro se compreendêssemos que a permanência de múltiplas filosofias resulta de que existem múltiplas clarificações válidas do mesmo fato polimorfo. As filosofias mantêm sempre a unidade de origem no desejo de conhecer. E se a verdade por que cada filosofia aspira é uma descrição geral da realidade a ser conhecida, as filosofias também se unificam por esse objetivo último.

Filosofia e filosofias

Decorre do isomorfismo entre conhecer e ser que, em qualquer filosofia, podemos distinguir entre teoria do conhecimento e pronunciamentos resultantes na teoria da realidade ôntica e ética. A fim de explorar esse isomorfismo, Bernard Lonergan analisa as diversas filosofias segundo uma dialética conceptual de "posição básica" e "contraposição". Considera que uma filosofia tem uma posição se: 1) o real é o universo concreto do ser e não uma sua parcela. 2) o sujeito só se conhece ao afirmar-se intelectualmente e não de modo existencial. 3) a objetividade é concebida em resultado de investigação por inteligência, reflexão, e razão e não como propriedade de antecipação vital.

Como a formulação das posições é sempre incompleta, elas convidam a um desenvolvimento. A oscilação da consciência humana entre a extroversão desejável da vida prática e o desejo universal de conhecimento, bem como a possibilidade de inúmeras posições intermédias, origina o que chama "contraposições". Ora, uma filosofia, para ser crítica, tem de reconhecer as suas próprias contraposições, e delas libertar-se. Por exemplo, a "posição básica" de Descartes é o cogito e ele tem de desenvolver o que sejam ser, existir e pensar para explicar o cogito. Contudo, ao fazê-lo de modo peculiar, origina a contraposição básica do dualismo substancial que separa radicalmente espírito e matéria. Hobbes, pelo lado materialista, e Malebranche, pelo espiritualista, procuraram resolver essa contraposição com êxito duvidoso.

A filosofia precisa, a dada altura do seu desenvolvimento, de um ramo unificador de todos os setores do conhecimento humano. O senso comum tem a sua utilidade mas origina preconceitos e obstáculos ao conhecimento. A ciência é excelente para conhecer as relações entre coisas em setores parciais da realidade. Então surge a chamada filosofia fundamental, ontologia ou metafísica, que liberta das parcialidades as outras posições. Também podemos dizer, com Aristóteles, que é uma "ciência sem nome" tal a sua ambição de inteligibilidade unificadora. Mas o relevante é que enquanto cada ramo do conhecimento está restrito a um setor do ser, a filosofia fundamental os consegue relacionar a todos porque assenta no desejo de conhecer.

Em *Insight*, Lonergan opta pelo termo metafísica a fim de identificar essa filosofia fundamental. Essa designação coloca alguns problemas que aqui não abordamos e que têm relação com as várias épocas da filosofia. O que agora importa é que Lonergan distingue entre várias modalidades de filosofia fundamental ou metafísica. Há "metafísica latente" quando os esforços para unificar conhecimentos são espasmódicos. Há "metafísica problemática" quando as reconhecidas exigências de unificação envolvem posições e contraposições. Há "metafísica explícita" quando se estabelece que o ser é para ser conhecido por experiência, inteligência e afirmação razoável, reconhecendo-o "proporcionado" à nossa inteligência.

Esse conceito de "ser proporcionado" ganha importância na medida em que identifica todas as realidades que sejam compreensíveis, afirmáveis e experimentáveis. A "metafísica explícita" será a concepção, afirmação e implementação da "estrutura heurística" integral do ser proporcionado. E essa noção heurística de um conteúdo ainda não completamente conhecido é determinada ao anteciparmos o tipo de ato em que o desconhecido se volverá conhecido. Uma "estrutura heurística" integra um conjunto de noções. A estrutura é "integral" se possuir o conjunto ordenado de todas as noções.

O papel da filosofia fundamental – ontologia ou metafísica – é elaborar, explicitamente, as questões respondidas pelas várias ciências e responder, implicitamente, às questões colocadas pela "metafísica latente". As "estruturas heurísticas" resultam da aplicação da inteligência humana. E a metafísica progride ao incorporar resultados, encontrados por outros métodos, à sua investigação sobre a estrutura do ser proporcionado. Também progride ao incorporar novos métodos na descrição da estrutura do ser proporcional. E progride, ainda, ao elaborar os resultados provenientes da ciência, revertendo as contraposições, as ilusões e as falácias que lhes foram acrescentadas por filosofias especulativas, e unificando os resultados segundo as suas próprias estruturas heurísticas. Essa acumulação paciente de resultados mostra que a filosofia fundamental jamais se confunde com um saber absoluto ou definitivo.

A "metafísica explícita" é uma vocação pessoal. Ninguém compreende por ninguém. Ninguém pode julgar em meu lugar. A passagem do latente ao explícito resulta do desenvolvimento do conhecimento de nós mesmos e das coisas. Estamos advertidos do caráter polimorfo da nossa consciência que, necessariamente, se reflete em preconceitos de classe, de moda, de época, tudo aquilo a que Francis Bacon chamou de "ídolos" e que exercem uma pressão insensata sobre o nosso desejo de conhecer. É a cada um de nós que cabe combater essas pressões e remover da informação adquirida, o que não resulta de atos metódicos de experiência, inteligência e afirmação razoável.

Lonergan deixa bem claro que é difícil construir uma "metafísica explícita". São necessárias numerosas investigações para encontrar princípios. E os princípios têm de ser dispostos numa cadeia ordenada de raciocínios, a que os lógicos chamam um epiquerema, um silogismo complexo. Uma metafísica explícita implica uma dedução com uma premissa maior, um conjunto de premissas menores, e um conjunto de premissas secundárias. A premissa maior é o isomorfismo entre a estrutura do conhecimento e a estrutura do conhecido. As premissas menores principais são afirmações sobre estruturas heurísticas no sujeito conhecedor; a mais simples de todas é que cada conhecimento de ser proporcionado é unificação de conteúdos de experiência, compreensão e juízo. As premissas secundárias menores são fornecidas pela reorientação dos conhecimentos adquiridos e providenciam o que há para integrar. Por outras palavras, cada filosofia segue um percurso desse tipo: o ser é o que há para ser conhecido: eu conheço por meio de experiência, compreensão e juízo; as intelecções corretas revelam-nos parcelas da realidade; logo, eu sei o que é o mundo proporcionado que estou a descobrir; e, assim, posso criar um método para ir mais longe.

A "metafísica explícita" também pode ser iniciada por premissas secundárias, resultantes da experiência, passar à intelecção de invariantes e, depois, generalizar o resultado. Foi assim que procederam filósofos como Aristóteles e Tomás de Aquino, mas Lonergan considera-os como "ilhas isoladas" num oceano de filosofias. E de qualquer modo, não interessa restabelecer as filosofias passadas, porque temos de elaborar uma nova teoria cognitiva.

A "metafísica explícita" não consiste numa série de princípios a serem aceites de modo uniforme e, muito menos, impostos por uma autoridade dogmática. Baseia-se na verificação do real pela consciência que experimenta, reflete e julga. Antecipa a natureza da realidade mas deixa o preenchimento de detalhes para as ciências e o senso comum. O seu papel é a reorientação metódica da ciência e do senso comum de modo a diminuir a confusão na nossa mente, a cacofonia dos debates em que os interlocutores não se escutam, e a ausência de critérios de relevância na cultura contemporânea. Estabelecida a filosofia fundamental, torna-se possível dialogar com os vários sistemas metafísicos, ou seja, investigar, refletir e julgar as suas posições, porque essa ação salutar está fundada numa teoria cognitiva consequente.

Uma "metafísica completa" assenta na correta seleção de proposições primitivas, sendo as demais obtidas por dedução lógica. As proposições primitivas deverão ser apresentadas como verdades necessárias e universais e, tanto quanto possível, o filósofo deve reunir evidências para as provar. Mas claro que tem um grande problema pela frente: como pode o filósofo referir-se a assuntos de fato sem deixar de recorrer a proposições universais? Seria materialmente impossível entrar aqui nos meandros dos vários sistemas filosóficos, muito ricos e interessantes. Mas há uma comparação destacada por Lonergan; os medievais insistiram mais na dedução abstrata, fazendo do pensamento como que um espelho do mundo; os modernos preferiram a dedução concreta, que assemelha o pensamento a uma fábrica. Que significa isso?

A dedução abstrata assenta em proposições analíticas. Ora, uma proposição analítica é universal e necessária, mas nada afirma sobre as coisas, ou sobre situações correspondentes aos seus termos. Só por meio de juízos de fato é possível encontrar o que são proposições primitivas. Ademais, se as proposições primitivas são necessariamente verdadeiras, valem para qualquer universo e dificilmente haveria razão para desenvolver a ciência e o senso comum que se referem ao nosso mundo. Como esse tipo de metafísica abstrata é muito vazia, autores medievais como Duns Escoto e Guilherme Ockham completaram os seus sistemas abstratos com a intuição da situação presente de existência.

A alternativa preferida pelos modernos é a dedução concreta. Essa só é possível se existir uma necessidade objetiva a ligar o existente concluído ao existente referido nas premissas. As premissas têm de ser sintéticas, a fim de não serem vazias de conteúdo, e têm de ser *a priori*, a fim de não serem particulares. A dedução concreta acaba sempre por originar uma doutrina de emanação do real a partir do ser necessário, concebido de modo mais espiritualista ou materialista e com maior ou menor otimismo ou determinismo. Mas existirão sínteses *a priori* fixas de uma vez por todas? A mente humana será uma fábrica com um determinado conjunto de categorias? Quando muito, a mente humana é "uma máquina ferramenta" que vai ajustando as suas categorias de acordo com o desenvolvimento e que, desse modo, evita a petição de princípio da dedução concreta. Afinal cada intelecção é um juízo sintético *a priori* bem sucedido, o que Kant teria compreendido se tivesse prestado atenção à teoria medieval de abstração.

Como referido, torna-se desinteressante tentar resumir o diálogo de Lonergan com outras filosofias. É uma tarefa que deve ser levada a cabo com muito rigor e paciência e que corresponde a uma disciplina que é a história da filosofia. Contudo, não se pode deixar de dizer que essa preocupação resulta do método dialético da filosofia fundamental, a exigir a consideração de posições opostas.

Considera Lonergan, por exemplo, que Hegel percebeu muito bem que o conhecimento não se identifica com nenhuma visão particular nem, especialmente, com a ilusão da "coisa em si" segundo Kant. A dialética hegeliana é o reconhecimento dessa verdade. Mas como Hegel não atendeu ao "virtualmente incondicionado" que fundamenta os juízos de fato e particulares, concluiu que mais não havia do que "momentos" do pensamento, desprovidos de realidade distinta para validar ou invalidar os conceitos utilizados. Assim, a sua dialética permaneceu no campo dos conceitos. A limitação fatal reside em não aceitar fatos, ou seja, realidades virtualmente incondicionadas. Por isso, surgiram refutações de Hegel assentes na invocação de fatos, seja a materialidade como em Marx, seja a experiência subjetiva de Kierkegaard, ou a afirmação e negação da vontade em Schopenhauer, entre outras posições.

A filosofia de Lonergan também recorre a uma dialética. Creio que a devemos designar por "dialética aberta" porque aguarda soluções procuradas na natureza e na história para fixar os conceitos que correspondem a antecipações razoáveis. Segue uma via que não é única, nem necessária, distinguindo entre soluções aberrantes e válidas. Lonergan alcança essa dialética porquanto considera os conceitos como intermediários entre experiência e reflexão: não pensa que os conceitos sejam terminais, nem que culminem num absoluto que não gera qualquer antítese nem mudança, como sucede na dialética fechada de Hegel. As antíteses surgem aqui entre o desejo de conhecer e outros aspectos da consciência humana. A dialética fechada de Hegel é suposta operar em toda a parte, mesmo na natureza. A dialética aberta de Lonergan opera nos conceitos e nas ações do sujeito e seus efeitos no mundo.

O isomorfismo entre conhecer e ser

O que habitualmente se espera de uma metafísica, sobretudo por quem discorda da sua viabilidade, é que nos forneça uma explicação completa do mundo e nos apetreche com um instrumento de conhecimento. Bernard Lonergan desfaz, desde logo, essa ilusão. É, efetivamente, função da metafísica esboçar o cognoscível, tanto hoje como no futuro. Mas nunca haverá uma explicação completa e quem o afirmar afastou-se do desejo puro de conhecer para confiar numa ideologia ou numa crença sem fundamento.

Poderemos, contudo, alcançar uma explicação absolutamente satisfatória do que é o mundo, na medida em que conhecermos a estrutura do conhecimento que o explica. Existem aspectos do cognoscível, apreendido nas intelecções possibilitadas por experiência, compreensão e juízo, que se referem a uma unidade de ser. Para identificar esses aspectos, Lonergan recorre aos termos escolásticos de potência, forma e ato, conferindo-lhes um alcance muito inovador, resultante do isomorfismo entre conhecer e ser. Dirá então que a experiência é de coisas potencialmente inteligíveis embora não saibamos tudo o que as coisas contêm; que a compreensão é de coisas formalmente inteligíveis, cabendo-nos verificar se as coisas são como as pensamos; que o juízo é de coisas atualmente inteligíveis, cabendo-nos afirmar se reconhecemos a natureza e as diferenças empíricas. O isomorfismo entre conhecer e ser permeia todo o conhecimento, nomeadamente a ciência. Uma teoria científica tem de ser verificada; enquanto verificada, refere-se ao actual; como teoria que é, ao formal; e como é verificada em casos, existe o potencial. Se for teoria científica clássica refere-se às formas como formas. Se for estatística, refere-se a frequências ideais de que os fatos não divergem sistematicamente. Quando essas diferenças não foram atendidas, resultaram conflitos trágicos como o que opôs a nova ciência de Galileu às doutrinas de Aristóteles. Sagredo vence facilmente Simplício. Galileu tinha a melhor parte da razão, devido às insuficiências radicais da teoria aristotélica para conhecer o mundo concreto. Mas estava a contribuir para a falácia da "má colocação do concreto", ao duplicar o estudo das "qualidades secundárias" investigadas pela física com as especulativas "qualidades primárias".

Esse problema não é nada fácil. Uma metafísica precisa sempre de elaborar um conceito de realidade permanente, sem o qual não é possível conhecer, avaliar ou medir a mudança nas coisas. Tradicionalmente, o conceito aristotélico-escolástico de substância desempenhava essa função, mas o conceito adquiriu má reputação desde a crítica empreendida pela nova ciência e pelos filósofos empiristas. A proposta de Lonergan torna-se mais compreensível se considerarmos que ele tem, imperativamente, de substituir o conceito de substância.

O modo como ele resolveu o problema assenta no relacionamento entre "centros" e "conjugações"; as coisas são "centros" porque são unidades, mas conhecemo-las como "conjugações" de propriedades. Na medida em que consideramos dados semelhantes, estamos a falar de propriedades que são elementos conjugados; na medida em que são dados concretos e individuais, vemos por meio deles um todo, unidade, ou identidade, a que chamamos de elemento central. Atingimos conjugados ao considerarmos dados semelhantes entre si. Como os dados semelhantes são também concretos e individuais, e compreendidos como um todo inteligível, constituem um elemento central

Recapitulando: potência central e potência conjugada são os aspectos das coisas e eventos que são experimentados e imaginados, ainda sem forma estável. Pode falar-se de formas centrais como sendo as "coisas" e de formas conjugadas como sendo as "propriedades". A palavra "conjugado" mostra que o fulcro da forma conjugada consiste nas relações inteligíveis entre coisas. Ato central é existência porque o que existe é a unidade inteligível. Ato conjugado é ocorrência porque o que ocorre é definido por meio da forma conjugada, ou seja por meio das relações inteligíveis entre coisas. E agora, um exemplo: a noção científica de massa-velocidade é um ato conjugado. A massa, pela sua relação inteligível com outras massas, é forma conjugada; o *continuum* da trajetória no espaço-tempo é potência conjugada; o ser que possui a massa é indivíduo pela sua potência central, é uma unidade pela forma central e é um existente pelo ato central.

Se perguntarmos como se relaciona essa "metafísica" de potências, formas e atos com o mundo investigado pelas ciências, o resultado é surpreendentemente claro. Deparamos com uma cosmologia em que o ser se apresenta numa escala de graus, cada um dos quais se caracteriza por um conjunto de elementos centrais e conjugados que é investigado por uma ciência específica: física, química, biologia, psicologia etc. O resultado é uma ontologia dos graus de ser que tem grandes afinidades com a ontologia de Nicolau Hartmann. O que esse tem a dizer sobre uma comunidade hierárquica de ser em que os estratos superiores dependem mas não são determinados pelos inferiores é o cumprimento da ontologia regional, anunciada por Husserl mas impossível de conceber no quadro fenomenológico estrito. Dos quatro estratos de ser real que segundo Hartmann compõem a comunidade de ser – natureza inorgânica e orgânica, consciência e espírito –, os dois superiores dependem dos inferiores para a sua manifestação mas são portadores de essências autônomas.⁵

Cada grau de ser pode ser captado por uma intelecção sistemática de grau superior ao que se apresenta como uma pluralidade de coincidências no patamar inferior. Cada nível tem as suas próprias "coisas" ou "formas centrais", diferenciadas por formas conjugadas. Por exemplo: cada planta tem propriedades físicas, químicas e biológicas, umas comuns ao reino vegetal outras específicas. E cada exemplar de planta desenvolve-se de maneira diferente, muito embora obedecendo às leis estatísticas dos "grandes números".

Em cada nível de ser proporcionado, existem atos conjugados coincidentes que constituem uma potência a ser sistematizada por formas do gênero superior; por exemplo na progressão partículas nucleares, elementos químicos, organismos vivos. Isso fornece uma série de gêneros, cada um dos quais contém diferentes espécies. Nas coisas de gênero superior sobrevivem formas, potências e atos conjugados, ou seja, propriedades das formas inferiores. Cada ciência debruça-se sobre um determinado gênero. E, em cada nível, as investigações conduzem à intelecção de conjuntos de conjugações ou relações. Mas não existe uma conexão lógica entre conjuntos de relações dos diversos níveis. Como cada nível se caracteriza por uma sistematização de situações que eram assistemáticas no nível inferior, não é legítimo reduzir todas as ciências ao mesmo nível – como reclamavam os fisicalistas da Escola de Viena.

As pluralidades de coincidências dos graus inferiores podem ser imaginadas simbolicamente e têm, então, valor de investigação, facilitando a transição de uma ciência para outra

---

⁴ Nikolai Hartmann, *Der Aufbau der realen Welt*, 3.ed., Berlin: De Gruyter, 1964. Cf. trad. *New Ways of Ontology*, tr. R. C. Kuhn, Chicago: Regnery, 1952.

superior. Mas seria um erro tomá-las por representações de coisas, como sucede no materialismo grosseiro que admite as imagens inverificáveis do grau mais elementar da realidade – o nível físico – como descrição pseudometafísica da realidade. As "coisas" ou unidades inteligíveis não sobrevivem como tal nas coisas superiores. O ser humano não é um "macaco nu", um "animal" revestido de inteligência. E a não ser de modo imaginativo e com valor simbólico, não se pode afirmar que existe "um lobo dentro do homem".

Essa proposta lonerganiana de concepção de gêneros e espécies tem uma vitalidade extraordinária porque não está dependente do estado presente, ou futuro, da ciência, mas sim das propriedades da descoberta intelectual. O princípio de complementaridade de leis clássicas e estatísticas ajuda a explicar que as "pluralidades coincidentes" em cada patamar do universo funcionam como uma potência para o grau superior. Além disso, não se compromete com uma lista exaustiva de gêneros e espécies, à maneira das filosofias antigas; afirma, simplesmente, que vamos descobrindo o mundo com o desenvolvimento do conhecimento científico. E tal probabilidade é o que se espera de uma metafísica cuja tarefa é integrar os dados da ciência, afastando a obsessão de que existe uma "essência" do mundo e que podemos atingir um saber absoluto.

Esse tipo de reflexão, que mereceria ser muito mais desenvolvida, liberta a ciência de uma série de distorções. Nas ciências humanas, em particular, existe a complicação extra de que tanto a investigação como o que é inquirido podem ser distorcidos pelas aberrações da consciência polimórfica do homem. Tal como o cientista tem de colocar questões últimas e procurar a resposta numa metafísica, assim o metafísico tem de colocar questões próximas e procurar nessas obter respostas.[6] Só assim afasta as dificuldades da ciência em descrever os seus pressupostos e a má filosofia que invade parte das conclusões científicas.

---

[5] Cf. *Insight*, p.509.

O ser humano é uma unidade

Uma das áreas mais excitantes da filosofia foi, desde sempre, a que investiga a relação no ser humano entre espírito e corpo, o que os anglo-saxões referem pela relação *mind-body*. O filósofo Maine de Biran costumava afirmar que quando se descobrir por que razão eu movo efetivamente a minha mão só porque a quero mover, estará resolvido o enigma dessa relação. Muito mais recentemente, tem vindo a crescer a literatura nesse domínio com autores como John Eccles, Anthony Coleman e António Damásio. Mas não é nada fácil relacionar as qualidades da atividade intelectual com o sistema da vida sensorial.

Considera Lonergan que a atividade da mente enquadra a vida sensorial de dois modos diferentes;

1. de modo inconsciente porque a atividade está subjacente ao padrão de ocorrências da vida sensível; nessa medida, constitui um sistema superior à vida sensorial tal como essa é superior à vida orgânica e essa, sucessivamente, aos patamares químicos e físicos da nossa existência;
2. mediante um controlo deliberado da vida sensorial porque a inteligência humana é a qualidade distintiva que selecciona os conteúdos da experiência sensorial e não ao invés, como é patente na experiência da liberdade humana.

Na raiz desse duplo controlo da mente sobre o corpo está o contraste entre o inteligível e o inteligente. No universo, a par da inteligibilidade potencial que é a experiência das coisas, existe a inteligência potencial do desejo puro de conhecer. A par da inteligibilidade formal com que o entendimento conhece as leis, existe a inteligência formal que consiste em intelecções e concepções. A par da inteligibilidade actual de existência e ocorrência, existe a inteligência actual que capta o ser incondicionado. Somos não só seres inteligíveis, como também inteligentes. A inteligibilidade que não é inteligente pode dizer-se "material", e a inteligibilidade que é inteligente é "espiritual".

Na medida em que é material, o ser humano é constituído por agregados de propriedades actuais, inconscientemente sistematizadas por formas conjugadas superiores. Na medida em que é espiritual, estamos orientados para o universo do ser, sabendo-nos parte dele e guiando a vida por esse conhecimento. Cada homem individual reconhece-se dentro de uma comunidade de ser, e procura dominar a vida sensorial por meio da vontade. Essa deslocação de atos subjetivos para conteúdos objetivos corresponde à sistematização do universo concreto de ser, e não do animal particular que é cada um de nós.

Escreveu Lonergan numa conhecida passagem das Conferências de Cincinnati, "Ser homem" é passar de essência a ideal; sermos "Nós" e "Eu" é passar da substância ao sujeito; ser "Consciência" é passar da faculdade ao fluxo.[7] A unidade do ser humano não se esgota na relação *mind-body*, como sugerem as correntes do empirismo inglês, com raiz em Locke. Também se não esgotam no modelo do "espírito que domina o corpo" como na metafísica francesa do século XX com raiz em Malebranche. A mudança é no sujeito existencial. A grande questão não é quem é o homem, mas quem sou eu, e quem somos nós. O que está em jogo não é apenas a constituição de mais um ser humano, mas, sim, a única e histórica constituição de cada um de nós, ou seja, o conjunto de significados, valores, bens e escolhas que informam a nossa perspectiva no presente e nos permitem construir o futuro. Mas saber quem devo ser é já um tema da ética.

---

[6] Cf. *Topics in Education*.

4. A AÇÃO HUMANA E A ÉTICA

A possibilidade da ética

Como agir? O que devo fazer? O que devo escolher? Como demonstrou Gadamer, as respostas às canônicas questões que Kant tão bem formulou não dependem apenas da razão; também dependem da apropriação das tradições de senso comum, filtradas pela experiência pessoal e histórica. O que Lonergan vem acentuar é que essa apropriação que cada um de nós e cada comunidade humana são convidados a realizar decorre do dinamismo fundamental da consciência analisado em *Insight*.

Tão importante como o estudo da compreensão humana é o estudo da ação humana. Tão importante e igualmente difícil. Conhecermo-nos já é difícil; há verdades que preferimos esquecer e, por vezes, violentamos os outros em vez de reconhecer os seus contributos. No plano social, os comportamentos corruptos de pessoas e grupos mostram como a inteligência prática interfere negativamente na nossa vida. E por tudo isto, é urgente saber agir segundo a ética, o ramo da filosofia que, além de conhecimento, é também orientação.

O caráter específico da ação humana é bastante evidente em toda a tradição filosófica que sempre distinguiu entre a ética, a teoria cognitiva e a metafísica. Na perspectiva lonerganiana, o *insight* próprio da ética, que nos impele e nos obriga à ação, integra o bem e os bens, a liberdade e a libertação. O bem abrange todo o existente e é o que todos procuramos. Lonergan aplica o termo, simultaneamente, às realidades procuradas, às capacidades que usamos, às operações com que a procuramos, e à satisfação alcançada. E assim constrói uma teoria que é também uma constante teorização com evidentes raízes na *praxis* aristotélica mas com desenvolvimentos absolutamente originais.

O bem como *praxis* é alimentado pelo mundo dos objetos que se encontram à nossa disposição, embora muitas vezes nem sequer compreendamos a sua "utensilidade". O bem é, também, o nosso desenvolvimento como sujeitos que selecionam o mundo em que vivemos. Mas esse desejo incontornável é confrontado com bloqueios e distorções dos quais temos de nos libertar num processo que tem avanços e retrocessos. São avanços os bens particulares de que usufruímos, as estruturas positivas que aumentam a ordem e os reconhecimentos de valor. São retrocessos as falhas morais, e o enorme cortejo de males que sofremos e que infligimos até ao ponto de alguns males sem nome serem tão graves que constituem um mistério de iniquidade. É a ética que nos faz reconhecer que não há bem sem libertação desses males.

A ética de Lonergan é apresentada com referências a autores da filosofia que invoca expressamente, numa atitude em que ombreiam a aproximação e a distância, o acolhimento das questões e as respostas alternativas. Não encontramos aqui uma dedução abstrata à maneira de Kant, embora esteja presente a noção de imperativo. Nem encontramos uma ética do absoluto, à maneira de Hegel, embora contenha uma dialética do indivíduo e da comunidade. Freud, Marx, e outros vultos da filosofia contemporânea estão presentes pelas questões que levantam, não pelas respostas que fornecem. Como escreveu Cardozo Duarte:

> A razão é pragmática, mais do que prática à maneira kantiana; a inteligência é perscrutadora, mas não

segundo a soberba do espírito à maneira hegeliana; o desejo é uma certa forma de quase materialidade, mas não à maneira freudiana, a materialidade do agir não é materialista, à maneira marxiana, mas sim espiritualmente orientada.[1] Como é de esperar, essa ética está articulada com o desejo de conhecer, em duas orientações distintas. Na ação humana, os sentimentos sobre pessoas e situações são uma chave da decisão. Mas o que são os nossos sentimentos? Como surgem? Que papel têm? Como se relacionam com os atos de intelecção e juízo? Em *Método na Teologia* Lonergan designa os sentimentos como a fonte "da massa, do momento, da movimentação e do poder" da consciência intencional (MT, 31) e considera prioritária a compreensão desses sentimentos para orientar as nossas escolhas e ações num mundo que, demasiadas vezes, se afigura absurdo, recheado de privações, sofrimentos, catástrofes, e mesmo perverso.[2] Mas entre ética e filosofia fundamental existe uma outra ligação mais profunda, essencial e existencial, metódica e operativa, assim explicitada em *Insight*: "Tal como a estrutura dinâmica do nosso conhecimento funda uma metafísica, assim também o prolongamento dessa estrutura para o proceder humano funda uma ética".[3]

O princípio de isomorfismo entre conhecer, ser e agir revela-se no paralelismo de várias sequências. A sequência cognitiva de "experiência, intelecção e juízo" tem como paralelo, em metafísica, "potência, forma e ato" e, em ética, "bens, liberdade e libertação". Desejamos e experimentamos bens. Refletimos e compreendemos a liberdade. Tentamos e realizamos atos de libertação. E mediante a apropriação de sucessivas perspectivas, podemo-nos elevando até à plenitude moral.

Claro que as sequências de ação também podem ter um desenlace negativo e em vez do círculo virtuoso da ação temos

---

[1] Joaquim Cardozo Duarte, "A dimensão ética de *Insight*", *RPF*, Braga, v.63, n.4, p.442, 2007.
[2] *Method in Theology*, New York: Herder and Herder, 1972.
[3] Cf. *Insight*, p.626.

círculos viciosos de males de que não nos conseguimos libertar. Cabe à ética elevar ao nível da reflexão as determinantes da ação de modo a delas extrair as características operativas que nos permitam contrariar os males encontrados e, se possível, erradicá-los. Nesse sentido, Lonergan aproxima-se muito mais da *praxis* aristotélica do que das éticas normativas. É um saber teórico e prático que visa alcançar um realismo previdente e sábio. Nenhuma apropriação é mais urgente que essa ética. Mas nenhuma é mais difícil, pois não se pratica apenas com a aquisição de regras, mas sim desenvolvendo-nos como seres morais no quotidiano. A intelecção ética é distinta da ciência e exige enfrentarmos os domínios do senso comum.

O senso comum como intelecção

O âmbito do senso comum é vasto como o mar largo e também sujeito a correntes e tempestades. O senso comum exige, como qualquer conhecimento, uma imensa acumulação de intelecções. Nascemos com o destino de procurar respostas, e isso é o senso comum como sujeito: e deparamos com respostas já testadas pela comunidade das quais extraímos o que nos interessa, e isso é o senso comum como objeto. Mas o senso comum é uma especialização da inteligência no particular e no concreto, e não coloca questões de ordem teórica porquanto só está interessado em soluções práticas.

Tendo analisado a intelecção científica nos capítulos 2 a 5 de *Insight*, Lonergan dedica os capítulos 6 e 7 à presença maciça do senso comum na intelecção da vida prática. Como definir os seus termos? Quais os seus postulados? Que conclusões podemos inferir do seu uso? O que o bloqueia e o que o liberta? São perguntas fascinantes em que a filosofia distingue entre a nossa opinião e o conhecimento fundamentado.

O senso comum parece argumentar a partir de analogias que desafiam a formulação lógica. Quando o lógico as examina, reconhece que os semelhantes se compreendem semelhantemente e que estamos a comparar situações concretas que mostram semelhanças. Mas o senso comum apela a intelecções incompletas e precárias que poderão ser desmentidas em novas situações.

O senso comum generaliza. Mas, diferentemente da generalização científica, oferece uma dedução inarticulada e cujas conclusões se parecem com os provérbios. Exprimem um conjunto sempre incompleto de intelecções e, não raro, perdem validade devido a exceções ou admitem conclusões opostas, sem que isso pareça chocante.

O senso comum não recorre a uma linguagem técnica, nem ao discurso formal. A comunicação é ajudada pela expressão facial, gestos, pausas, e todo um conjunto de atitudes a que os filósofos analíticos chamam "atos ilocutivos". A relação entre dizer e significar, ou seja, a relação entre apresentação sensível e captação intelectual é extraordinariamente variada. Abrange desde a identificação de objetos, tipo "isto é um cão", até a delicadeza de olhar dos amantes que se compreendem e comunicam sem recorrer a palavras. Os seus procedimentos são lógicos no sentido de serem razoáveis; mas não são lógicos se por tal se entender a conformidade a regras gerais, válidas para todas as instâncias. Nenhum conjunto de regras gerais se adapta ao caráter polimorfo do senso comum.

O cânone supremo do senso comum é a restrição ao mundo prático das coisas concretas. Todas as questões que não sejam de interesse imediato são postas de parte. O senso comum é contra as teorias, e "manda passear" quem não fornece respostas familiares. As pessoas de senso comum são muito ocupadas. Têm o trabalho do mundo a fazer. E a nossa sobrevivência e mesmo toda a atividade metódica depende desses trabalhos e negócios, pois o cientista quer o seu laboratório construído, o juiz quer o seu tribunal, o investigador, a sua biblioteca, o estudante, o acesso à internet etc.

As diferenciações do senso comum surgem devido a diferenças de local e história, de ambiente e circunstância. Existem diferenças de mentalidade que separam o passado e o presente, homens e mulheres, velhos e novos, cidade e campo, o país e o estrangeiro. No limite, as diferenças cumulativas geram incompreensões entre estratos da sociedade, entre nações, e entre épocas da história. Com o senso comum, cada um de nós está à vontade no seu meio e no seu mundo; orienta-se nos problemas de ordem prática e pode aprender com os erros. Mas basta a experiência da migração para verificarmos que mudar de país exige-nos novas intelecções, sob pena de ficarmos desorientados.

O senso comum como conjunto incompleto de intelecções evolui com cada situação. A sua dotação é contínua, a sua germinação é secreta. Não sai do cérebro humano já pronto. Não reside numa mente individual isolada mas está repartido por muitas. E para o senso comum se tornar bem comum tem de se alimentar de muitos contributos, de todas as pessoas, até que surja uma unidade funcional.

O campo subjetivo do senso comum

Faz todo o sentido afirmar que o senso comum relaciona as coisas conosco. Mas quem somos nós? Não será que mudamos? E não será a própria aquisição do senso comum uma mudança em nós? Para elucidar esse âmbito do senso comum subjetivo, Lonergan introduz a noção de padrões de experiência que emergem da base neurológica e correspondem a patamares de ação de tipos biológico, estético, intelectual e dramático.

Agimos com o peso da nossa constituição antropológica, do nosso corpo e seus desejos, da nossa mente e suas expectativas e conhecimentos, e agimos inseridos em redes sociais. Essa variedade de estratos suscita os padrões de experiência que revelam uma consciência focada em conteúdos e a operar segundo configurações variáveis de pessoa para pessoa. A plasticidade da ação humana é extraordinária, como insistiram Freyer e Gehlen; e desde o comportamento das crianças até as experiências-limite com que dignificamos os impulsos vitais, nunca paramos de encontrar ações humanas que nos surpreendem.

Em primeiro lugar, há o padrão biológico de experiência, em que relações inteligíveis ligam sequências de sensações, memórias, imagens e movimentos, para realizar os fins de intuscepção, reprodução e preservação. A primeira condição da ação é a possibilidade de subordinar o neurológico ao psíquico. Tal como as alterações no nervo óptico ou no cérebro provocam imagens, também a memória, a imaginação, a emoção, o prazer e dor são suscitados por pedidos neurológicos específicos. Nos mamíferos superiores, esses processos atingem grande complexidade mas não originam atos livres. Ao invés, no homem, os processos neuronais acarretam a possibilidade de atos psíquicos caracterizados pela possibilidade de escolha consciente.

Conforme o padrão de experiência estética, ultrapassamos a finalidade biológica e as finalidades práticas da vida, e libertamo-nos pela alegria espontânea. A primeira obra de arte surge na vida quotidiana. O belo e o admirável reside no corpo, antes de se projetar em artes. "O estilo é o homem", como escreveu Pascal, e varia com a época e o meio. O impulso para fixar formas duradouras de apreciação irá gerar as artes, motivo por que os artistas são, essencialmente, criadores de formas.

O padrão intelectual de experiência ordena o fluxo de consciência. A memória mobiliza situações que comprovam ou invalidam os juízos e a imaginação antecipa possibilidades que verificam ou falsificam uma resposta. Depende de fatores inatos potenciais e de fatores adquiridos desencadeadores. O saber não ocupa lugar, mas decerto que leva muito tempo a ser adquirido. Para dizer algo de verdadeiramente novo e se tornar mais que a celebridade de uma estação, é preciso anos de esforço de compreensão, em que o intelecto vai adquirindo perspectivas sucessivas.

Os propósitos das nossas ações quotidianas revelam uma componente dramática, ao dirigirem-se a quem queremos persuadir. O homem é um animal social. A satisfação tem de ser confirmada pela admiração dos outros. Mas a rede de relações humanas não tem a fixidez do formigueiro, nem é apenas o produto da razão: assenta na libertação estética e criatividade, é limitada pela exigência biológica, inspirada pela emulação, confirmada pela admiração, e sustentada por afetos.

Os nossos desejos nunca são apenas impulsos biológicos. Comemos e bebemos, separados da animalidade por convenções e instituições como o matadouro e a cozinha, a mesa e as maneiras. Vestimo-nos não só para nos resguardar, mas para nos adornar. A sexualidade torna-se um motivo de apreciação erótica ou romântica porque o corpo é mais do que uma unidade biológica. Cada um de nós descobre papéis que pode representar e adapta-os a si. A partir da plasticidade inicial da criança, por meio de educação e disciplina, mas também da transgressão e da inovação, forma-se o caráter individual. A consciência racional tem aqui importância particular porque introduz a reflexão e a escolha. Mas não se delibera quem se vai ser. Não reunimos materiais para depois lhes impor uma forma. Não existem, primeiro, os materiais e, depois, o padrão. A vida é aprendizagem e desenvolvimento de um apelo e, como escreveu Schopenhauer, tornamo-nos quem somos ao descobrir o nosso verdadeiro caráter.

A distorção dramática

Elucidadas essas invariantes da experiência humana, Lonergan passa a analisar a massa imensa de distorções da intelecção que interferem na vida prática, e a que chama de "fuga à realidade". A intelecção pode ser indesejada. Além do "amor à luz", pode haver também um "amor à escuridão". E nessas investigações sobre o nosso "desejo de trevas", Lonergan enfrenta os "demónios" na consciência: os preconceitos que viciam as investigações teóricas e as paixões que distorcem a compreensão em assuntos práticos e de natureza pessoal. Se começamos por excluir uma intelecção, acabamos por perder outras, até desequilibrar o nosso ponto de vista e gerar mal-entendidos nos outros.

A incompreensão alheia, por seu turno, favorece a nossa deserção do drama exterior da vida humana para o drama interior da fantasia. Essa introversão gera uma diferenciação da *persona*, com que aparecemos diante dos outros. O *ego* torna-se o ator e o único espectador dos respectivos devaneios. Passa a sofrer as pressões deformadoras das forças sociais a que Francis Bacon chamou os *idola fori*. Por fim, a incompreensão, o isolamento e a dualidade interrompem a aprendizagem baseada na experiência e o desenvolvimento do senso comum. A pessoa torna-se insensata e a fuga à realidade pode ter como desenlace a repressão, a inibição, os lapsos de língua, os sonhos, as memórias dissimuladoras, as neuroses e as psicoses.[4]

Recorrendo à psicanálise, Lonergan empreende o estudo dessas distorções dramáticas. A recusa de compreender tem de ser analisada como uma das aberrações da consciência. A escotose surge com a censura de atos psíquicos. O desenvolvimento do senso comum fica anêmico com a diferenciação entre *persona* e *ego*, em que alternam suspeita e reafirmação, dúvida e racionalização. Seguem-se outras psicopatologias como a censura, a inibição dos esquemas imaginativos indesejados, a dissociação dos afetos quanto aos objetos iniciais e a sua junção com materiais incongruentes embora relacionados, a libertação de exigências afetivas nos sonhos, e a formação de memórias dissimuladoras.

[4] Cf. *Insight*, p.214.

Mais do que nos alongarmos em pormenores sobre essas aberrações que exercem um fascínio muito particular, interessa contrastar essa abordagem de Lonergan com a de Freud. Lonergan discorda da visão popularmente associada às descobertas freudianas. Considera que os conteúdos latentes dos sonhos não exibem o homem "real", mas sim as potencialidades rejeitadas pela consciência, seja desperta, seja onírica. A essas potencialidades podem estar associadas imagens terríveis de parricídio, canibalismo, incesto e suicídio. Essas imagens podem estar alojadas no insconsciente, devido ao papel central da probabilidade e do indeterminado na vida humana. O que é chocante em Freud, assevera Lonergan, não é afirmá-las; é presumir que, sob o disfarce da consciência se esconde um monstro que seria a realidade de cada um de nós e o efetivo senhor das nossas vidas.

A psicologia profunda deve ser avaliada à luz dos desenvolvimentos da metodologia científica. Como vimos, a ciência empírica procede pela determinação de correlações verificadas e observáveis. Mas o determinismo psicanalítico adiciona a "libido", que não é uma entidade verificada nem observável. A descoberta de Freud das desordens psicogenéticas surgiu no momento ambíguo em que estava prestes a dissolver-se o determinismo predominante. Se esse fosse correto, nem sequer existiriam fenômenos psicogenéticos; tudo seria calculado a partir da posição básica da física. Mas precisamente porque o determinismo é incorreto, a descoberta de Freud ganhou um enorme eco ao lançar dúvidas sobre o caráter científico da objetivação mecanicista.

Freud tinha consciência da importância da extroversão na busca de objeto que pertence ao lado psíquico do desenvolvimento sexual. Mas não soube, ou não quis, restringir-se a correlações verificadas e observáveis. De acordo com a visão do seu tempo, considerou que por detrás dos fenômenos psíquicos observáveis existe a realidade da libido. Cabe à história da ciência debater se a libido é conhecida por observação neurológica dos eventos psíquicos, por correlação desses fenômenos observáveis ou por verificação dessas correlações; ou se será apenas um construto que está para a psicanálise como o "éter" para as equações electromagnéticas.[5]

Um determinista confesso – como Freud – exclui a probabilidade do seu domínio de investigação e não admite fatores não sistemáticos. Ora declarar que os eventos conscientes são aparência e que a realidade é a libido, não é ciência, mas, sim, má filosofia. Pelo contrário, identificar o não sistemático na psique, explica que as multiplicidades coincidentes nesse nível podem ser sistematizadas por um nível mais elevado de intelecção e escolha, sem violar leis da psique.

Conclui Lonergan que um reconhecimento do não sistemático torna possível conceber

1. a saúde psíquica como um desdobramento que se move em níveis distintos mas relacionados,
2. a aberração psíquica resulta da perda de "sentido da vida" de acordo com a teses de Viktor Frankl, impedindo a consciência de sistematizar multiplicidades coincidentes, e
3. a terapia é o esforço para reorientar os fluxos aberrantes da consciência e libertá-la das obstruções inconscientes.

O senso comum como objeto

A tarefa, aparentemente modesta, do senso comum é compreender as coisas na relação conosco. Mas ao nos desenvolvermos com o senso comum, mudamos o que nos rodeia. A transformação do meio pela inteligência prática utiliza os conhecimentos disponíveis para criar estruturas econômicas, técnicas, políticas, jurídicas, e culturais que enriquecem a rede de relações humanas e permitem concretizar as nos-

---
[5] Ernest Jones, *The Life and Work of Sigmund Freud*, New York: Basic Books, 1953.

sas potencialidades. Donde que esse âmbito do senso comum como objeto se aproxime da filosofia política.

O que Lonergan nos tem a dizer nesse domínio evoca as sínteses de Giambattista Vico e Arnold Toynbee no que se refere às respostas mas está perto da macroeconomia de um Joseph Schumpeter no que refere às questões.[6] A história do progresso material do homem assenta na conversão de intelecções específicas em produtos de interesse prático. Novos problemas exigem mais invenções. Como disse o xeque Yamani nos anos 70, a Idade da Pedra não acabou por falta de pedra. Sucedem-se perspectivas técnicas superiores. E cada estádio de desenvolvimento da razão traz uma estrutura de formação de capital, ou seja, de "coisas" que não são desejadas em si – as máquinas, a moeda, os seguros – mas que aceleram a produção de bens que satisfazem os nossos desejos.

Essa sequência exige a divisão de trabalho e um sistema econômico que equilibre a produção de bens para consumo com nova formação de capital, e que estabeleça o quantitativo ótimo de produção para repartir tarefas e para redistribuir o produto. Por seu turno, a economia exige a política para governar a pluralidade de propostas para organizar a sociedade. A disparidade de propostas exige persuasão e liderança para estabelecer acordos. Cada avanço na produção econômica é uma ocasião de desavença na distribuição de bens. A especialização política do senso comum visa congregar uma população. É tarefa e arte dos governantes desenhar compromissos e promover obrigações, saber se um adiamento é sabedoria ou desastre, saber quando é preciso criar consensos ou, pelo contrário, desafiar a opinião. Chamar a atenção, ganhar confiança, estabelecer prioridades, tomar decisões, e procurar a concordância, são algumas das modalidades de resposta das

---

[6] Schumpeter, *History of Economic Analysis*, New York, 1954; *The Theory of Economic Development*, Harvard 1968, p.212-55.

minorias criadoras a desafios históricos, tal como Toynbee as referiu em *Um estudo de história*.[7]

Como qualquer outro evento no nosso universo, as relações sociais estabelecidas pelo senso comum prático estão permeadas pela probabilidade emergente. As ações humanas são regulares e recorrentes e funcionam segundo um esquema, em que se X, então Y, e se X ocorre, então X recorre. A população evolui, o capital acelera a produção, os governantes tomam decisões. A vida humana pode ser analisada pelas ciências sociais segundo leis clássicas e estatísticas que se combinam para explicar recorrências. Mas claro que também pode suceder que a população comece a decair, a expansão tecnológica pare, a economia regrida, a sociedade perca coesão, as crises sejam mal geridas. Essas alternativas significam que a ação humana é livre e a liberdade é a forma inteligente que em nós adquire a probabilidade emergente que caracteriza o universo. A ação humana é um processo não apenas inteligível mas inteligente.[8]

A conjunção de leis abstratas e circunstâncias concretas revela os esquemas de ação como dependentes da ocorrência de intelecções. O avanço da tecnologia, a formação de capital, o desenvolvimento da educação, a evolução do estado, depende de alterações introduzidas ou negadas pela razão. Essa abordagem filosófica é muito inovadora para as ciências sociais, porque contraria o paradigma predominante de raiz neopositivista que nega validade à liberdade como fator independente na ação. O que Lonergan nos está a dizer é que os processos sociais e políticos são inteligíveis, porque podem ser entendidos como resultado da probabilidade emergente; mas são também inteligentes porque são fruto de deliberação e decisão. O que é mais provável numa sociedade não o é noutra, onde a diferença de comportamentos resulta de outras intelecções disponíveis e operantes, independentemente dos dados materiais externos.

---

[7] Arnold Toynbee. *A Study of History*, London, 1934, v.III, The Growth of Civilization.
[8] Cf. *Insight*, p.234.

Distorção individual e de grupo

Seguir os instintos não é ser egoísta, é sobreviver. Criar filhos também não é altruísmo: é uma expressão da espontaneidade animal que não é egoísta, nem altruísta mas visa à satisfação de apetites. Contudo, ao passarmos do domínio da espontaneidade para o da inteligência, o egoísmo e o altruísmo deixam de fornecer respostas satisfatórias. Na perspectiva independente da inteligência, é igualmente necessário tomar conta de si e do bem-estar dos outros.

Segundo o senso moral, é costume afirmar-se que o egoísmo é mau e o altruísmo, bom. Mas vivemos entre os requisitos de intersubjetividade e de inteligência. Nessa tensão, a inteligência é princípio de universalidade e altruísmo, e a espontaneidade, de imediatez e egoísmo. O egoísmo resulta da interferência da espontaneidade com a inteligência, afirma Lonergan: não revela apenas um bloqueio ético, mas também um bloqueio intelectual.

Na vida prática, é por meio da acumulação de intelecções que alcançamos uma compreensão adequada do que temos a fazer. A individualidade pertence ao resíduo empírico pelo que a ação a praticar é idêntica para mim e para outro. *What is sauce for the goose is sauce for the gander*. Assim, a regra de ouro é fazer aos outros o que pretendo que me façam. Mas facilmente esse princípio degenera em egoísmo. O egoísta sabe pensar como calculador e inventa estratagemas inteligentes. Mas recusa-se a pôr as questões que modificariam a sua atitude pelo que se arreda da inteligência e autodecepciona-se. Dedica-se a contrair a ordem social ao seu tamanho e procura satisfações fáceis. Sofre de um desenvolvimento incompleto da inteligência. Vive da inteligência sem sabedoria. Pensa por si mas não atinge a abnegação exigida pela inteligência livre.

Errar é humano. Mas persistir no erro é uma aberração demasiado frequente para ser entendida simplesmente como um efeito passageiro da ignorância ou da ganância.[9] Assim, tal como no sujeito egoísta de senso comum existem preconceitos, bloqueios e distorções, também existem poderosos preconceitos e distorções de grupo, aludidos por Francis Bacon nos "ídolos da praça, da caverna, da tribo e da espécie". Os conceitos de "ciclo curto" e "ciclo longo" identificam os períodos distintos da vida social em que os preconceitos provocam a negligência de ideias inovadoras que poderiam melhorar a vida da comunidade.

Cada comunidade ou grupo social – escola, empresa, quartel, escritório, repartição – desenvolve um *ethos* que fornece premissas concretas para as decisões do dia a dia. Significa isso que a comunidade consensualiza padrões técnicos, econômicos e políticos de comportamento que estabelecem o que espera de cada um. No interior do grupo, existe cumplicidade de códigos de conduta. Entre estrangeiros, não sabemos, em princípio, o que dizer.

A história humana é realização de esquemas de recorrência conforme as possibilidades sociais. A intelecção é antecipação de esquemas possíveis e a decisão desencadeia as realizações de possibilidades. As respostas de cada grupo aos desafios são executadas pela inteligência prática, mas essa convive com os interesses de grupo que não julga segundo o bem comum. Cada grupo tem um ponto cego no que toca aos seus interesses. As intelecções práticas têm um papel decisivo na constituição de grupos e um papel positivo na mudança social que se apresenta como sequência de intelecções realizadas. Mas, na medida em que passam a existir grupos mais favorecidos, e aceites pelos menos poderosos, gera-se o preconceito de grupo; o conceito da intelecção sofre uma distorção.

Na interação de grupos sociais, as vantagens respectivas diminuirão caso as energias forem todas dedicadas a mecanismos defensivos e ofensivos, em jogos de soma zero. Uns grupos irão progredir, outros ficarão por trás. A estratificação

---

[9] Cf. *Insight*, p.250.

social bloqueia o confronto de ideias. As classes desfavorecidas desenvolverão sentimentos de frustração, ressentimento e ódio. Nessa fase, a intelecção está completamente distorcida. A ordem social deixou de corresponder a um conjunto desenvolvido de ideias. Só restam as escassas ideias ao serviço do poder, restos mutilados de esquemas que já foram excelentes, manipulados por grupos ociosos que infestam a sociedade. A sociedade está pronta para a revolução.

Os processos de aberração social criam o princípio para a sua reversão.[10] Quando a situação exige nova ideia, ela acabará por surgir, primeiro, parcialmente, pois qualquer um vê o que está errado. Como escreve Lonergan, "as falhas dos preconceitos de grupo são secretas. Mas os efeitos tornam-se grotescos". As distorções ficam à vista de todos. As ideias negligenciadas adquirem poder. Os grupos desfavorecidos poderão optar pela senda revolucionária. Os grupos dominantes poderão ser reformadores ou reacionários. Assim começará a reversão do ciclo longo que irá combater o subdesenvolvimento do senso comum conforme "a dialética da autoridade", analisada num curto mas incisivo artigo de 1984.[11]

A teoria dos bens

A análise lonerganiana do senso comum, ao incidir sobre o que podemos chamar as externalidades da ação, prepara o terreno para a teoria dos bens que se debruça sobre os determinantes internos da ação. O ponto de partida dessa teoria reside no reconhecimento de uma estrutura invariante de bens na sociedade. A articulação é dada pela distinção entre bens particulares que captamos de imediato, e que são objeto de desejo; bens de ordem que constituem um sistema dinâmico e normativo das nossas intelecções e escolhas habituais; e bens

---
[10] Cf. *Insight*, p.257-61.
[11] "The dialectics of Authority", in *A Third Collection*, ed. Frederick E. Crowe, New York: Paulist Press, 1985, p.5-12.

de valor que emergem no nível de reflexão e Juízo com que avaliamos os bens existentes.

Desde logo se advirta que estamos perante uma estrutura aberta, concretizada em objetos muito diferentes, hábitos e instituições diversas e distintos valores, éticos, estéticos, religiosos. Não poderia ser de outro modo. O método da ética não implica deduções abstratas nem concretas porque os seus princípios assentam na própria estrutura do conhecimento. Sendo essa estrutura latente e operativa no conhecimento de cada um, é universal pelo lado do sujeito.[12] O dedutivismo ético é pouco convincente ocioso porque a raiz da ação moral reside no despertar da autoconsciência racional.

Os bens elementares, ou particulares, são objeto de desejos que determinam o prazer e a satisfação ao serem alcançados, mas também aversão e dor quando negados. O critério imanente nesse nível de ação é a aquisição de objetos incondicionados. As antropologias filosóficas do século XX realçaram a hierarquia de bens que satisfazem as diversas carências humanas. Uma das versões mais conhecidas é expressa na "pirâmide de Maslow". Uma versão mais elaborada – mas excessivamente sintética – é apresentada por Lonergan e convida a uma ampliação em termos de teoria do bem comum.[13]

Bem de ordem é um conjunto de ações ou sistema que enquadra os objetos e eventos particulares, com graus de funcionalidade variável, desde o ótimo ao péssimo. Pode apresentar-se como uma recorrência de bens, tal como o transporte público que cumpre o horário, o vencimento pontualmente pago etc. Onde houver recorrência de bens, existe ordem. Ordem é também o conjunto dos hábitos subjetivamente adquiridos e que passam a constituir uma nossa segunda natureza. Ordem, ainda, são as instituições que indicam comportamentos e facilitam o fluxo das operações particulares.

---

[12] Cf. *Insight*, p.603.
[13] Ibidem, p.596-98.

Os bens de ordem, providenciados pelas instituições, não são apenas uma sucessão de instâncias de um bem particular; são construções da inteligência humana para ordenar a satisfação dos desejos. Como tal, não são objeto de desejo individual; apresentam-se como o sistema para o sistematizado, a condição universal para os particulares condicionados. O modo concreto da cooperação depende da liberdade. O mesmo sistema econômico pode resultar em prosperidade ou recessão. A mesma constituição política comporta grandes diferenças na vida pública conforme a governação etc.

Os bens de ordem são dinâmicos. Possuem uma linha normativa de desenvolvimento, na medida em que os elementos da ideia de ordem são captados pela intelecção em situações concretas, formulados em proposições, aceites por concordâncias explícitas ou tácitas, e executados para alterar a situação e originar novas intelecções. Os desejos e aversões individuais e de grupo podem ser um poderoso aliado ou fonte de egoísmo. Por sua vez, as distorções também criam condições de reversão contra os efeitos dos desvios anteriores, permitindo atacar o desvio na raiz mediante nova avaliação.

Os bens de valor, ou mais simplesmente os valores, emergem no nível da reflexão e juízo, deliberação e escolha. As comunidades humanas estão sempre à procura de novas possibilidades de cooperação. Estamos sempre a optar entre sistemas e instituições. Como as possibilidades de opção são múltiplas e mutuamente exclusivas, a inteligência prática tem de selecionar e transitar da intelecção de uma ordem possível para a realização concreta. Os bens de valor são escolhidos segundo escalas de preferências individuais e de grupo, mesmo os valores religiosos que nascem quando o sujeito autônomo reconhece o infinito como próximo. Quando cada membro da comunidade deseja a autenticidade para si e a promove nos outros, então os valores coincidem.

Essa dimensão da "ética dos valores" de Lonergan distingue-se claramente das teorias dos valores de tipo dedutivista quer de tipo concreto, como na fenomenologia de Max Scheler, quer de tipo abstrato, como nas éticas espiritualistas. A dedução de valores é um caminho praticável para analisar e orientar a ação mas, apesar da riqueza das suas formulações, não atende à experiência crucial de ação que é o desejo de bens, isomorfo ao princípio de inteligibilidade intrínseco ao ser. A ética tem de seguir o trilho do desejo que se estende a todos os objetos e, depois, empreender a busca consciente de consistência moral que se desdobra num conjunto de observações e preceitos. A partir da atenção aos problemas, são captadas possibilidades de inovação, elaboradas novas medidas e tomadas decisões que se baseiam na avaliação dos benefícios. Esses desenvolvimentos exigem novos valores para ser apreendidos, até porque as satisfações modificam-se e as escalas de preferência mudam.

A fuga à realidade, contudo, espreita na vida prática; são muitos os meios utilizados para escapar à moral e evitar a consciência de si. Uns racionalizam as inconsistências entre o que sabem, o que dizem e o que fazem; esses são os hipócritas. Outros renunciam a corrigir erros ou, mesmo que o façam, não têm esperança de se emendarem. O indivíduo amoral dirá "Não quero saber o que devo ou não fazer". O indivíduo imoral dirá "Se isto é o que eu devo fazer, tenho de o adaptar aos meus interesses". O antimoral dirá "Sei o que devo fazer, mas faço o que não devo". Ao passarmos do plano individual para o social, os bens de valor são desviados por interesses de grupo, nascem as ideologias e as falsas racionalizações. Os grupos hostis dificilmente esquecem agravos, originando conflitos, ressentimentos, vulnerabilidades.

A teorização lonerganiana da liberdade, o segundo momento da ética, não se apresenta com uma estrutura dedutiva. Começa por descrever o funcionamento das estruturas de ação segundo uma relação de condicionamento, "*se, então*". Se há ser humano, então existe desejo de bens, seja com abundância seja com escassez; se os bens particulares são procurados, então a procura ocorre numa estrutura institucional, que permite cooperação ou a dificulta; se as instituições existem, então podem ser aperfeiçoadas ou entrar em declínio conforme a inteligência e a vontade dos seus membros. Cada bem é finito, apresenta alternativas, desvantagens e riscos. Na medida em que optamos por verdadeiros bens atingimos a autotranscendência, existimos autenticamente, constituímo-nos como valor.

A liberdade exerce-se numa matriz de relações pessoais que variam entre amor e ignorância, exploração e intimidade, respeito e desprezo, amizade e hostilidade. As pessoas vinculam-se pelas suas necessidades e pelo bem comum da ordem, pelos empenhamentos e pelos papéis que assumiram. Uma vez que variam os sentimentos e avaliações de valores e escalas de preferências, as comunidades experimentam visões plurais onde existem choques e oposições que geram conflitos, partidos e adversários.

A libertação pode começar de modo surpreendente, diz-nos Lonergan, mediante a sátira e o humor. Quando sabemos rir daquilo que vale a pena rir, de nós mesmos e daquilo que muitas vezes querem esconder de nós, estamos a trilhar o caminho do conhecimento no que constitui uma intelecção indireta porque nos obriga a reformular os termos das nossas interrogações e estamos a experimentar a alegria da libertação.

O bem, a liberdade e a libertação guardam e devem manter entre si essa sequência de fundamental determinação, sob pena de perda de unidade e de proporção. O bem é entendido como integrador de todos os bens, ordenando-os sem exclusão precipitada ou *a priori* e fundamentando essa ordenação na superioridade do ponto de vista do melhor bem e na sua proporcionalidade. Os bens do desejo e da sensibilidade estão em potência para os bens de ordem; esses dão forma ao que se manifesta empiricamente como bem e que se conclui em ato por meio da capacidade de avaliação. Ser, conhecer e agir apoiam-se e mutuamente se beneficiam.

Ampliando as teses de Lonergan, pode afirmar-se que os bens apresentam-se com natureza individual, social e histórica. Os indivíduos dispõem de capacidades para se proverem de bens particulares que satisfaçam as carências. As comunidades humanas permitem a cooperação entre indivíduos e a atribuição de papéis e tarefas a cumprir num quadro institucional. A história revela a evolução das formas de cooperação, nomeadamente família, escolas, empresas, e todas as demais instituições e formas de cooperação, sujeitas a progresso ou a decadência.

Pode afirmar-se que, em *Insight*, Lonergan escreveu simultaneamente uma *Crítica da razão teórica* e uma *Crítica da razão prática*. Na esteira dos grandes realistas, considerou que tanto os fenómenos que apreendemos como as paixões que experimentamos, e a ordem inteligível em que se inserem são aspectos do mundo objetivo e real. Os idealismos epistemológicos atribuem à mente humana essa ordem inteligível e negam que ela tenha uma existência independente na realidade. Lonergan argumenta que a descoberta do mundo exige o ser, com o virtualmente incondicionado, ou seja: impor quadros conceptuais à experiência por meio de atos de intelecção é descobrir o que há para conhecer.

O objeto do conhecimento é o mundo tal como ele é, o "universo da probabilidade emergente" que se pode vir a desenvolver segundo vias alternativas. Nele, o homem realiza escolhas para que o possível se torne mais provável e aquilo que mais deseja se torne actual. Como opera com juízos de valor, deliberações e escolhas, constitui um horizonte de sentido mais amplo que os atos de conhecimento. As deliberações e o seu desejo constitutivo são tão primordiais quanto o desejo de conhecer. Por isso, a palavra final da ética de Lonergan é convidar-nos a apropriarmo-nos do que significa ser um agente, "um sujeito que escolhe"; se nos apropriarmos de forma atenta, inteligente, racional e responsável, teremos adquirido uma sabedoria de ação que vale mais que qualquer regra moral.[14]

---

[14] A proposta lonerganiana é comparável à de Descartes. Cf. Mendo Castro Henriques "Descartes e a possibilidade da Ética", *Actas do Congresso Descartes da F.L. Porto*, v.I, 1998.

5. A ECONOMIA: UMA CIÊNCIA VITAL

Dois tratados

Como já referido, o interesse de Bernard Lonergan pela ciência econômica resultou tanto da sua preocupação em analisar diversos ramos das ciências como da motivação que o impelia a tornar eficaz a teoria ética dos bens. O que em economia de mercado é considerado como um ciclo de negócios com recessões e depressões, e os marxistas chamaram "crises" ao interpretar esse fenômeno em termos de exploração da mais-valia, é concebido por Lonergan nos termos de inteligibilidade dos ritmos de produção e da circulação monetária próprios de uma economia de mercado avançada. A inteligibilidade da dinâmica macroeconômica é apresentada segundo um "ciclo puro" que envolve cadências anti-igualitárias próprias de excedentes comerciais ou da expansão dos bens produtivos; e cadências igualitárias, próprias à expansão dos bens básicos ou de consumo, e que, segundo os críticos do "capitalismo", não são cumpridas devido à desigualdade da distribuição da riqueza.

O contributo inicial de Lonergan foi *An Essay in Circulation Analysis*, escrito entre 1930-1944. Curiosamente, acabou por ser o último dos seus escritos a ter impacto. Lonergan diz-nos que redigiu a obra como contributo teórico para diminuir o sofrimento causado pela incompreensão do processo econômico que levou à Grande Depressão de 1929. A sua abordagem alternativa ao *establishment* destaca-se pela capacidade de conjugar conceitos da economia clássica com contributos de Marx e de Keynes, afastando a estrutura econômica como principal fator condicionante da forma dos Estados, e realçando a importância do agente individual e da apropriação que esse deve ter da dinâmica econômica para a qualidade democrática do Estado. Uma versão do manuscrito circulava nos meios lonerganianos, mas recebera escassa atenção. Foi finalmente publicado em 1999 na Universidade de Toronto, com o título *Macroeconomic Dynamics: An Essay in Circulation Analysis*, juntamente com o volume *For a New Political Economy*, posteriormente redigido.[1]

Não se trata, evidentemente, de uma visão popular e ainda agora começou a sua recepção no *establishment*. Um fator que poderá explicar a sua menor asserção nos meios acadêmicos – e políticos – é que constitui uma crítica demolidora das teorias e práticas econômicas dos anos 1930. Segundo Lonergan, medir os fluxos de dinheiro numa economia e a contrapartida real é a chave para compreender o que nela ocorre. Essa inteligibilidade é mais crucial que a noção de mercado, até porque, em rigor, existem três tipos de mercado, correspondentes a três tipos de bens: bens de consumo, bens de produção ou "mais-valia" e bens de capital ou "redistributivos". Esse modo de medir a riqueza e dinâmica econômica de uma comunidade terá sido, e ainda é, uma revolução copernicana em ciência econômica, ao definir uma linha entre o investimento e o seu resultado, medido em bens – satisfação dos consumidores – e não em avaliações de mercado sobre as indústrias, propriedade e tendências. Sem essa revolução do pensamento econômico, falar nos prós e contras dos regimes econômicos concretos

---

[1] *The Collected Works of Bernard Lonergan*, ed. Frederick E. Crowe and Robert M. Doran, v.21, *For a New Political Economy*, ed. Philip McShane, Toronto: University of Toronto Press, 1998, e v.15, *Macroeconomic Dynamics: An Essay in Circulation Analysis*, ed. Frederick Lawrence, Charles Hefling and Patrick Byrne, Toronto: University of Toronto Press, 1999.

só pode originar um debate aleatório e de senso comum que penalizará os especialistas em detrimento das tendências políticas dominantes.[2]

A teoria dos fluxos financeiros

Segundo Lonergan, as variáveis decisivas numa economia são a circulação de dinheiro relacionada com a produção e venda de bens – bens básicos ou bens de mais-valia, ideia clássica das economias socialistas que, em parte, colapsaram por excesso de produção de bens de produtor – e a dinâmica dos pagamentos redistributivos – públicos ou privados. Considera que o modo de descobrir o que sucede numa economia reside no acompanhamento dos ciclos de pagamentos, decorrentes da venda de produtos básicos e a contrapartida produtiva deles. Isso significa que temos de medir quanto dinheiro passa do circuito monetário base para o circuito monetário excedente – ou de mais-valia –, e quanto dinheiro está a sair ou a entrar do circuito base para o circuito excedente, comparando esses três fluxos com os fluxos reais – ou o que é efetivamente produzido – que saem dos dois primeiros mercados. Resta ainda saber qual a contrapartida real dos mercados financeiros e redistributivos. Conforme os critérios de regulamentação política, e o maior ou menor grau de intervencionismo, o mercado redistributivo acaba por ter como "produto real" o livre arbítrio do agente, enquanto investidor, e do Estado enquanto agente econômico. Nesse modelo, é indiferente que a redistribuição dependa dos governos ou do setor privado; o importante é que a consequência desse investimento seja a produção de bens e a inerente satisfação do indivíduo, o fluxo real da economia

---

[2] Em Portugal, o pensamento econômico de Lonergan foi introduzido por Ricardo Gomes da Silva ao qual devo importantes acertos a este capítulo. Cf. "Protocolos do Ciclo de Conferências Introdução ao Pensamento Económico de Bernard Lonergan", UCP, Lisboa, fevereiro e março de 2009.

e não uma consequência financeira, sem nenhuma garantia real, que se autossustente na criação de bolhas especulativas.[3]

A produção de bens e a circulação de dinheiro numa economia é variável. Sendo estável, a produção e venda de bens básicos (alimentos, habitação etc.) apenas o seria durante um determinado intervalo de tempo, e os bens de produção (máquinas, serviços etc.) jamais seriam substituídos por outros novos. Apenas o circuito financeiro iria crescer, para diminuir em seguida. O padrão de vida seria considerado satisfatório, à falta de alternativas, por um breve período de tempo; seguir-se-ia um longo período de crise recessão e depressão, algo que Lonergan considera parte do processo natural do desenvolvimento econômico e só passível de ser ultrapassado pela inovação.

Mas será o equilíbrio sustentável ou desejável?

De acordo com Lonergan, tal como Kaldor, não se coloca assim o problema.[4] O ponto de equilíbrio, apesar de ser um ponto de transição na criação de capital crítico para a expansão de outro mercados, não é sustentável, nem desejável porque acabaria por consumir a totalidade dos recursos na dinâmica de um dos três mercados já em fase de maturidade; iria impedir a evolução, natural e desejável, não só da produção de bens mais evoluídos – as necessidades dos indivíduos estão ligadas à intrínseca necessidade de evoluir –, como da distribuição de bens fora do circuito econômico. Lonergan, aliás, é impreciso ao definir o caráter público de bens ligados ao desenvolvimento do conhecimento e claramente o seu caráter não econômico, porque não desejável de ser medido ou porque impossível de o ser

É o chamado empreendedorismo que permite explorar patentes inovadoras e utilizar tecnologias já descobertas ou descobrir novas máquinas e serviços que permitem aumentar

---

[3] Algoritmo de cálculo dos fluxos entre mercados, disponível em: http://groups.csail.mit.edu/cag/bayanihan/lonergan/.

[4] Nicholas Kaldor, "The Irrelevance of Equilibrium Economics", *The Economic Journal*, n.82, p.1237-1255, 1972.

o volume de produção. Esses fatores decorrem não só da própria estrutura econômica, por meio dos bens de produtor, fruto do investimento em *know-how* e desenvolvimento, investimento público e privado, mas também pela proliferação e fornecimento de bens "*overhead*", os bens "públicos" como escolas, bibliotecas e todos os produtos que favoreçam a acréscimo de conhecimento e capacitação tecnológica, cujo papel caberá em grande parte ao Estado.

O passo determinante é a necessidade de financiamento, o que exige o circuito redistributivo. Nesse existe uma enorme variedade de agentes e de produtos, de natureza pública e privada, que terão de ser equilibrados com os restantes circuitos ou mercados econômicos, criando ciclos de expansão e de depressão. O interesse final dos privados em mais valias decorrentes do investimento é o fator dominante que justifica todo o processo: com o decréscimo do retorno do investimento, à medida que as inovações se esbatem com o decréscimo da respectiva necessidade, em consequência da proliferação dos bens até à exaustão do mercado primário de consumo, diminui a satisfação de cada agente.

A estratégia para o desenvolvimento econômico sustentado será, então, promover uma expansão dos bens de produção, devidamente financiada por bens de capital, que conduza a uma expansão dos bens de consumo. Essa estratégia continua válida quando a compreensão dos processos se alarga do comércio interno para o comércio internacional. É importante saber de que modo as exportações, as importações e os fluxos de dinheiro para dentro e para fora das economias nacionais afetam os circuitos básicos e secundário dos países envolvidos no comércio. Só assim ganharemos um panorama da economia internacional.[5]

A abordagem de Lonergan resulta numa contestação a um determinado tipo de globalização feita por países e mercados com diferenças abissais no nível estrutural de desenvolvimento

---

[5] Cf. Bruce Anderson, "O comércio internacional e o falhanço da teoria económica, *Catholic Rural Life Magazine*, v.45, n.1, Fall 2002.

e com significativas diferenças nas abordagens do processo econômico por cada agente de cada país. A entrada de um país no mercado internacional num estádio inferior de desenvolvimento não traz consequências nefastas apenas a esse, ao ficar exaurido de capital necessário ao desenvolvimento, mas também aos países com elevados níveis de investimento que acabam por ganhar mercados adicionais – que não são consequência da própria dinâmica interna dos mercados; poderá ocorrer o investimento e a aplicação dos recursos disponíveis ao excesso de produção de um dos mercados, o que acabará por provocar desequilíbrios nefastos para a totalidade das economias implicadas.

Essa panorâmica das variáveis econômicas de Lonergan não deve ser entendida como um modelo pronto a ser aplicado. Porém, ao considerarmos os conceitos e os valores que dominam o discurso quotidiano sobre a economia por parte de governos, empresários e assalariados, notamos a falta de visão de conjunto denunciada por Lonergan. O impulso para o crescimento máximo, mas estável, a inovação pela inovação, o ritmo frenético das fusões e das aquisições, as patologias do mercado da bolsa, os controles centrais sobre a tributação, os produtos financeiros derivados, o consumo conspícuo ostensivo, a exploração insustentável dos recursos; eis uma lista de fatores negativos cuja articulação é denunciada pela "dinâmica macroeconômica".

Os que defendem perspectivas relacionadas com o capitalismo "puro" ou "neoliberal" sustentam, pelo menos implicitamente, que a expansão básica e as fases estacionárias de uma economia são indesejáveis e aberrantes. Lonergan demonstra que essa perspectiva nem sequer se coaduna com a gestão inteligente das diversas fases de produção de bens e redistribuição de recursos. O lucro, enquanto objetivo econômico, é uma condicionante e não um determinante da capacidade de adaptação, inovação e evolução humanas; é um erro excluir do processo econômico as atividades que não produzem lucro e considerar exclusivos os pressupostos da microeconomia. O padrão de vida e a capacidade de adaptação humanas é que devem servir de padrão às decisões econômicas, e não a mensuração monetária da riqueza potencial e efetiva. Esse é o cerne da crise atual em que falharam os paradigmas convencionais de análise.⁶

Para uma expansão equilibrada, considera ser necessário (1) o cruzamento de pagamentos entre excedentes e circuitos monetários básicos em harmonia com as fases do desenvolvimento econômico, (2) e uma nova compreensão do lucro não como critério da atividade econômica, mas como envolvente do interesse da comunidade, ou seja, do bem comum. Esse interesse não se confunde com os interesses dos empresários "capitalistas", mas também não é o resultado de uma gestão por uma burocracia "socialista". Os problemas fundamentais da economia não resultam dos interesses específicos – "egoísmo" – da parte dos patrões e dos trabalhadores; está aqui presente o princípio de Michael Kalecky de que "patrão é quem ganha o que gasta e trabalhador é quem gasta o que ganha". O problema reside, sim, na ignorância dos mecanismos subjacentes ao processo econômico por parte de todos os agentes e não apenas os especialistas, problema a que responde a análise lonerganiana, que alguns consideram revolucionária pela sua profundidade e acerto.⁷

O impacto da nova teoria econômica

Os estudiosos dos tratados econômicos de Lonergan salientam que têm um poder explicativo comparável ao de outros clássicos da Economia Política. Sem nos envolvermos nos aspectos técnicos das ciências econômicas, mostremos como eles se integram no apelo filosófico de Lonergan de procurar o *insight* central para identificar uma realidade. Citemos *Macroeconomic Dynamics*:

---

⁶ Mark A. Lutz, (ed.) *Social Economics: Retrospect and prospect*, Boston: Kluwer Academic Publishers, 1990.

⁶ Cf. Frederick Lawrence, "Between capitalism and Marxism: introducing Lonergan's Economics", *RPF*, Braga, v,63, n.4, p.133-51, 2007.

A *equity* [renda excedente pura] deve ser dirigida para elevar o padrão de vida de toda a sociedade. A razão por que assim não sucede, não é a razão simplista segundo os moralistas – ganância – mas a principal causa é a ignorância. A dinâmica da produção básica e de mais-valia, e das expansões básica e de mais-valia não é compreendida, nem formulada, nem ensinada. Quando as pessoas não entendem o que está a acontecer e porquê, não se pode esperar que atuem com inteligência. Quando a inteligência se torna um espaço em branco, avança a primeira lei da natureza, a autopreservação. Não é principalmente a ganância, mas os esforços frenéticos de autopreservação que transformam a recessão em depressão, e a depressão em *crash*.[8]

Note-se, em primeiro lugar, que Lonergan sempre questionou a linha tradicional de demarcação entre disciplinas "objetivas" e "científicas", como a Economia, e disciplinas "subjetivas" ou "nebulosas", como a Ética. É corrente nas universidades existir um desfasamento entre o que é ensinado nas escolas de Economia e Gestão e nas de Estudos Filosóficos e Teológicos. Ora Lonergan chama a atenção que "os teóricos morais sobre a economia são também economistas"; e se não forem "então temos de ter economistas melhores, uma lição repetida há cerca de duzentos anos".[9]

Dirigindo-se aos economistas, escreveu em tempos Joan Robinson, de Cambridge: "A economia é demasiado importante para ser entregue aos economistas". Lonergan, por seu turno, interpela os filósofos e os teólogos que se recusam a ver os laços entre teoria econômica e ética. "Quando não existe o sistema necessário à nossa sobrevivência coletiva, então é

---

[7] Lonergan, *Macroeconomic Dynamics*, 82. 5 Bernard Lonergan, "Healing and Creating", in: *A Third Collection*, ed. Frederick E. Crowe, New York: Paulist Press, 1985, p.108.

[8] Cathleen Going (ed.), *Dialogues in Celebration*, Thomas More Institute Papers/80, Montréal: Thomas More Institute, 1980, p.299. Bernard Lonergan; "Healing and Creating", in: *A Third Collection*, ed. Frederick E. Crowe, New York: Paulist Press, 1985, p.108.

inútil criticar o que existe, ignorando alegremente a tarefa de construir um sistema economicamente viável que possa ser colocado em seu lugar".[10]

Em segundo lugar, Lonergan salienta a necessidade de colaboração interdisciplinar. A teoria econômica convencional *não consegue* ver o agente humano como um "sujeito consciente de forma empírica, inteligente e racional, e capaz de desenvolver a inteligência e a razoabilidade, como entidade que, mesmo do ponto de vista do método científico, tem de ser abordada de forma essencialmente diferente do estudo dos átomos, ou das plantas e animais". Em vez disso, aborda a atividade econômica como uma série de eventos previsíveis, da mesma forma que os físicos do século XIX abordavam eventos que são apenas estatisticamente prováveis. O resultado é que "[a] relação entre a ciência humana e a sua aplicação não será humana; será sub-humana".[11]

Lonergan apela a que a teoria econômica convencional incorpore, como corretivo, a intencionalidade dos agentes econômicos na sua potencialidade de seres observadores, inteligentes, racionais e responsáveis e sustenta que "se os físicos podem pensar em termos de indeterminação, os economistas podem pensar com base na liberdade, e reconhecer a importância da ética".[12]

O paradigma de colaboração interdisciplinar entre economistas e moralistas exige dois requisitos. Dos teóricos da economia, exige um tipo novo e específico de análise que revele de que modo os preceitos morais assentam no processo econômico e têm nele uma aplicação eficaz. Dos teóricos da moral, exige preceitos com sabedoria que resultem do próprio processo econômico e promovam o seu correto funcionamento.[13]

---

[9] Lonergan, *A Third Collection*, p.108.
[10] Bernard Lonergan, *Understanding and Being: An Introduction and Companion to "Insight"*, ed. Elizabeth A. Morelli and Mark D. Morelli, v.5 *Collected Works of Bernard Lonergan*, Toronto: University of Toronto, 1990, p.363-4 (1.ed. 1980).
[11] Lonergan, "Healing and Creating", p.108.
[12] Ibidem.

Em terceiro lugar, e a um nível mais existencial, "negar a possibilidade de uma nova ciência e de novos preceitos é negar a possibilidade de sobrevivência da democracia".[14] Se a ciência e os valores não forem integrados

os mais bem educados tornam-se uma classe fechada sobre si própria sem tarefa proporcional à sua formação. O significado e os valores da vida humana empobrecem. A vontade de realizar afrouxa e estreita-se. Onde antes havia alegrias e tristezas, agora há apenas prazeres e dores. A cultura torna-se um "buraco".[15]

Essa abordagem tem implicações diretas na tarefa de integrar o conhecimento científico e ético. Conceitos como "desenvolvimento sustentável", "capitalismo transparente" e "necessidade de regulação" estão a tornar-se critérios para o processo produtivo. Que esses critérios sejam "entendidos ou não, afirmados ou negados, observados de forma responsável ou ignorados", isso depende se queremos uma sociedade que seja uma "comunidade de amor ou uma comunidade de egoístas".[16] Como escreveu Lonergan:

O desenvolvimento humano é de dois tipos diferentes. Há um desenvolvimento de baixo para cima, a partir da experiência e do entendimento crescente para o juízo equilibrado, e do juízo equilibrado para o curso de ação fecunda e frutuosa e dos cursos de ação para as novas situações que exigem uma maior compreensão e assim por diante, para um juízo mais profundo, e cursos mais ricos de ação. Mas há também o desenvolvimento de cima para baixo. Há a transformação da paixão no amor: o amor doméstico da família, o amor humano da nossa tribo, da nossa cidade, do nosso país,

---

[13] Bernard Lonergan, "An Outline of Circulation Analysis" [3] (an unpublished manuscript of an earlier version of ECA, available at the Lonergan Research Centre, Toronto).

[14] Bernard Lonergan, *Method in Theology*, New York: Herder and Herder, 1972, p.99.

[15] Cf. Lonergan, *Macroeconomic Dynamics*, p.5.

da humanidade, o amor divino que orienta o homem no seu cosmos e se expressa na sua adoração. Onde o ódio só vê o mal, o amor revela valores.[17]

Lonergan observou uma vez, com possível surpresa dos que desprezam o seu pensamento como "intelectualista", que o seu projeto foi realizado para que "as viúvas e os órfãos não morressem de fome".[18] *Aparte o exagero da afirmação*, com ressonâncias bíblicas, está-nos a dizer que o *insight* central que permite conhecer e operar a economia exige detectar, criticar e ultrapassar a velha separação positivista entre fatos e valores; se a inteligibilidade da realidade econômica não for apropriada por todos os agentes econômicos, e se a economia não for entendida como uma ciência vital, dificilmente poderão satisfazer as necessidades individuais e coletivas.[19]

---

[16] Cf. Lonergan, "Healing and Creating", p.106.
[17] Patrick H. Byrne, "Ressentiment and the Preferential Option for the Poor", *Theological Studies*, v.54, p. 241, 1993.
[18] Eugene L. Donahue, "Bernard Lonergan's contribution to social economics", *Forum for Social Economics*, v.22, n.2, March 1993.

6. O PROBLEMA DA INTERPRETAÇÃO

Mito e metafísica

Ao desenvolver as estruturas heurísticas da sua filosofia, Bernard Lonergan depara com questões sem respostas evidentes, em que "sabemos que não sabemos". Ademais, como a nossa mente tem aspectos emotivos e não só intelectuais, associamos a esse elemento mítico e desconhecido as características de estranheza e mistério, em oposição ao familiar e previsível. Grandes pensadores como Schelling, Cassirer, Bultmann e Gusdorf preocuparam-se com a questão da origem e significado dos mitos. Será que o mito corresponde a uma metafísica latente? E que desaparece quando a metafísica formula as questões relevantes? Que parcelas da experiência humana comunicam os atos de intelecção implicados nos grandes mitos e simbolismos da humanidade?

Bernard Lonergan formula essa problemática como a questão do "desconhecido que é conhecido". É o domínio do mistério e do mito, e exige uma teoria da interpretação para compreender as narrativas que exprimem o conhecimento humano de si e do universo.[1] O homem é um "animal simbólico", um criador de "estórias", dotadas de

---

[19] Cf. *Insight*, p.554-71.

enredo, personagens e peripécias, que veiculam o sentido da existência. O enredo fixa o relacionamento dos personagens entre si, e o relacionamento dramático dos personagens modifica o enredo. A nossa vida está permeada dessas narrativas. E o que nasce como estória contada em casa, na praça ou nas escolas acaba por transmitir o horizonte da existência e tornar-nos atores responsáveis no drama da humanidade.

Lonergan estabelece que, tal como a metafísica resulta da análise adequada da estrutura do conhecimento, os pontos cegos no que há para conhecer revelam os recursos da consciência mítica. Essa opera sem o benefício da consciência crítica. Basta-lhe a presença do "desconhecido que é conhecido". O real surge como objeto do fluxo de ideias, emoções, sentimentos e ações. O criador de mitos constrói um mundo impressionante, com projeções antropomórficas em que funde a experiência e a explicação. E tal como a projeção subjetiva acontece quando interpretamos palavras e atos alheios, a projeção antropomórfica resulta da adição de conteúdos conscientes aos dados do cosmos.

Mito e metafísica são, também, produtos do puro desejo de conhecer. Mas enquanto a consciência mítica reflete ausência de autoconhecimento e o mito é sua consequência, a filosofia resulta da consciência de si e faz recuar o mito. Como disse Gusdorf, o mito é uma "metafísica primeira" que tem de ser purgado de erros permanentes. Cada geração desenvolve expectativas sem proporção racional e cria apelos à emoção que poderão não impressionar a inteligência, mas que são fundamento do poder e da ação. A interpretação deve recuperar a perspectiva do mito, como se desenvolve e que leis o governam, libertando-o de projeções subjetivas.

"Míticas" ainda, no mau sentido do termo, são as visões distorcidas da realidade com que diariamente nos confronta o discurso corrente, e a verborreia de muitos comunicadores. É tarefa da filosofia contrariar a ascensão ao poder dos aventureiros que pretendem impor as suas intelecções enviesadas.

Os "mágicos", os "ideólogos" e os "gnósticos", presentes no poder e na comunicação social, aproveitam-se da fluência verbal para imporem preconceitos. E a aparência é reforçada por um ar de profundidade e autoimportância, e inúmeros atos ilocutivos com que mascaram a ausência de verdade.

Os mitos negativos podem ser desmentidos porque exibem contraposições que convidam à refutação racional. Mas eliminado um mito, logo surge outro, e os novos mitos são sustentados por novas ideologias e novas fases da tecnologia. A própria ciência, da qual se esperou o progresso permanente, não está isenta da tentação de inflacionar a sua importância ao ponto de criar o "mito do cientismo" que impõe o conhecimento científico como o único tipo de conhecimento verdadeiro.

O conhecimento é ambivalente; aumenta o nosso poder mas não a nossa excelência. O ser humano está irrevogavelmente orientado para o mistério. As explicações da ciência e da filosofia não satisfazem a mente humana e só são eficazes na vida prática quando acompanhadas de imagens que libertam emoções e que fluem espontaneamente para palavras e atos, como sucede no mundo da poesia. A compreensão não elimina o sentido do mistério. Mas o homem não quer aceitar mistérios nem ficar à mercê de mitos. Sentimos necessidade de símbolos que se relacionam com o nosso lado emotivo mas exigimos que se não baseiem em ilusões.

O desejo de interpretação

O desejo de conhecer enraíza-se no mistério da existência. À medida que progredimos na tarefa de autoapropriação, torna-se evidente que o mistério é decisivo para explorar novos horizontes e formular novas perguntas. Encontramos mais questões que respostas; o "desconhecido que é conhecido" depois de, inicialmente, se configurar como estranho e estrangeiro começa a ser familiar e próximo. Não estamos sozinhos nessa busca porquanto as comunidades em que vivemos depositam em símbolos os juízos de valor sobre as relações humanas que as formam.

Como explicou Eric Voegelin, invocado por Bernard Lonergan, os avanços civilizacionais materiais pressupõem e causam uma nova apreensão das constantes culturais. Mas os invariantes estruturais não mudam. Estão implicados no quotidiano, nos costumes, leis, e histórias. Pensamos neles mediante as imagens com que o orador apela e o escritor transmite uma sabedoria, mediante a diferenciação dos símbolos disponíveis, um desenvolvimento reflexivo provocado pelo desejo de conhecer. Os símbolos da sociedade egípcia foram transformados pelo povo hebreu. Os símbolos da sociedade homérica foram transformados pelos filósofos. E os símbolos da Modernidade estão disponíveis para serem diferenciados pelo pensamento de filósofos, teólogos e cientistas, como de algum modo faz o próprio Lonergan.

Esse horizonte dos problemas de interpretação já presente em *Insight* veio a ganhar relevo em obras posteriores de Lonergan. Afinal, a grande razão de responder ao convite de *Insight* é que o convite é irresistível porque somos atraídos pelo que o mistério desperta em nós. Os "exercícios intelectuais para cinco dedos" de *Insight* só são possíveis se nos "apaixonarmos" pela apropriação intelectual que nos permite dar sentido à existência.

Pode considerar-se que esse desejo corresponde a um novo patamar de intelecção, que se vem acrescentar aos de experiência, intelecção, juízo e responsabilidade. Ou pode, também, pensar-se que constitui o dinamismo que percorre todos os patamares, até porque está já presente na sua origem. Em qualquer dessas interpretações – e a filosofia de Bernard Lonergan permite ambas – o desejo tem uma centralidade evidente no processo de intelecção; é um elemento crucial no projeto de identificar a unidade do conhecimento humano. Todas as narrativas humanas se enraízam num anseio original que foi experiência concreta. Se essa experiência se perdeu, a história narrada transforma-se em mito inquestionável e mudo. Mas se a experiência continuar a ser transmitida por uma comunidade de sentimentos, a história passa a ser sagrada e eterna. Podemos dizer que a história ganhou um "coração" e esse "coração" é ponto de partida para a compreensão correta da existência num patamar superior de intelecção. Se nos deixamos absorver pelo elemento subjetivo, e queremos dominar individualmente o desconhecido, perdemos o sentido do mistério. Mas se conseguirmos ser suficientemente atentos, inteligentes, razoáveis e responsáveis, é porque estamos a ser movidos por esse desejo que integra a existência. Somente um ser humano que ama seres, deseja coisas e se apaixona por outrem pode apreciar as possibilidades inerentes ao ato da compreensão, precisamente porque o ato de intelecção não fundamenta só o conhecimento: também fundamenta, mediante as nossas decisões e ações, as escolhas das coisas que gostamos, das pessoas com quem andamos, e das comunidades que elegemos.

A perspectiva universal

Resta saber como alcançar uma interpretação objetiva. Sendo finalidade de qualquer interpretação comunicar o ato de consciência presente no documento ou evento em causas, há que ter em conta o autor a audiência e as nossas capacidades reflexivas. São muitas as dificuldades a enfrentar. As audiências variam com a situação cultural e o desenvolvimento intelectual. Podemos ter a intuição correta sobre o evento, mas isso não significa que tenhamos capacidade para a demonstrar. Podemos identificar o sentido da experiência, mas podem existir adulterações que nos escapam. As fontes do intérprete variam com a existência experiência, intuição, juízo e hábitos individuais.

Por tudo isso, a filosofia sempre pensou em modos de comunicação persuasivos e que resolvam os problemas causados pela relatividade das audiências. A resposta de Lonergan consiste em introduzir a noção de "perspectiva universal". Apresenta-a como "uma totalidade potencial de perspectivas ordenadas, dialética e geneticamente". É de uma "totalidade de perspectivas" porque visa captar significados e não a sua expressão verbal. É "potencial", porque se distingue de uma explicação histórica absoluta do tipo criado por Hegel, ou dos esquemas *a priori* kantianos que pretendem antecipar "toda a metafísica futura". É, antes, uma perspectiva a partir da qual o intérprete pode ver como se desenvolvem outras perspectivas. Nesse sentido, é uma estrutura heurística construída mediante a acumulação paciente de investigações. A perspectiva universal permite a cada um de nós abrir-se a ideias discordantes, e às que não são evidentes; e permite-nos transpor o pensamento para outras épocas e outros níveis de exigência.

Se Descartes pediu à filosofia um método rigoroso, Hegel exigiu-lhe que explique não só a posição própria como a existência de posições contrárias. A perspectiva universal tem de unir o elemento *a priori* da análise cognitiva ao elemento *a posteriori* do confronto histórico. A perspectiva universal atingida por atenção à experiência, à compreensão e à reflexão é ordenada. Tem uma expansão retrospectiva nas séries genéticas de intelecções que conduziram até o presente. E tem uma expansão dialética nas muitas formulações de intelecções criadas pela consciência, no convite a desenvolver posições e na reversão das contraposições. Enfim, pode apresentar concretamente qualquer posição ao identificar na experiência pessoal, e ao formulá-la numa intelecção, os elementos que a tornariam convincente.

A perspectiva é apresentada como universal apenas pela característica de ser susceptível de ficar completa, e não porque seja um "saber absoluto". Será atingida não por abstração a partir das particularidades dos objetos, mas por atender à necessidade operante nos sujeitos humanos. Só há interpretações com intérpretes. E o intérprete é quem atribui significado, ao integrar necessariamente as componentes experiencial, intelectual e racional.

O cerne da perspectiva universal reside na noção de ser. O ser é o que é captado pela consciência atenta, inteligente, racional e responsável que corresponde ao desejo de conhecer. O intérprete, ao inteligir desse modo, fica capaz para estudar o conteúdo e contexto dos outros significados. Na medida em que explorar as experiências, os atos de consciência, as reflexões, e doutrinas da consciência polimorfa, fica capaz de saber o conteúdo e contexto do significado de qualquer fórmula.

Claro que nos devemos interrogar se a perspectiva universal não será afetada pela subjetividade. Há que distinguir entre perspectiva e linguagem universal. Claro que ao avaliarmos outras posições estamos a ser subjetivos. Mas pode pensar-se que a tarefa da filosofia, assente na atividade cognitiva humana, permite um controlo crítico, atender e corrigir as ilusões sensoriais, os distúrbios da consciência, as omissões de juízo. A estrutura dinâmica da atividade cognitiva é a base da filosofia.

Essa perspectiva universal pode ser melhorada por versões mais corretas de experiência, intelecção e juízo. Mas tais melhorias não envolvem uma mudança radical de filosofia porque esta é uma estrutura dinâmica. A captação dessa estrutura é que fundamenta a perspectiva universal. Uma melhor narrativa apenas modifica a completude e exatidão com que procedemos da perspectiva universal para a reconstrução do particular. Contudo, ao contrário do que sucede no desenvolvimento da ciência, a modificação do horizonte filosófico não resulta em diferença permanente e universal. O novo horizonte é aceite por uns e rejeitado por outros; formam-se escolas e correntes, e essas experimentam períodos de progresso e declínio.

Os modos de expressão

Bernard Lonergan distingue entre modos de expressão, ou seja, as maneiras de afetar a atividade cognitiva da audiência. A expressão resulta de fatores subjetivos de quem comunica: experiência, estilo, intenção etc. E a audiência responde conforme o nível de sentimentos, intuição, racionalidade e sentido prático. Temos de distinguir entre fontes de expressão que residem nos níveis de conhecimento, atos formais de atribuição de sentido, atos instrumentos de linguagem, e termos de significado que incluem o universo do ser e da ilusão.[2]

Na ciência que define termos e relações básicas há a preocupação com a compreensão do auditor. A intuição que guia o discurso científico obtém-se transpondo a lógica como ciência para a lógica como técnica. Na filosofia, emerge a preocupação com o juízo do auditor. O cientista é indiferente a imagens desde que as intelecções surjam em quem dela se apropria, e a filosofia é indiferente às intelecções utilizadas desde que aumente a consciência crítica de quem a aprende. A escrita filosófica avançada já não se preocupa em submeter materiais a juízo; pretende, sim, revelar-nos os pressupostos a que se submetem os nossos juízos, oferecendo-nos intelecções que revelam a nossa unidade consciente.

A ciência e o tratado lógico procuram definir todos os seus termos com rigor e provar todas as conclusões. Mas esse tipo de rigor tem limites. A introdução e a primeira aproximação às definições e regras têm de ser expressas em linguagem não técnica para serem compreensíveis. Depois, o estado do conhecimento atual numa ciência pode surgir em tratado, mas não as soluções provisórias e os problemas por resolver. A lógica é uma ciência de rigor porque lida com problemas inespecíficos, e pode ser aplicada como técnica discursiva a qualquer área. Mas as áreas científicas estão em movimento e ainda não têm a determinação nem a coerência

---

[1] Cf. *Insight*, p.592-5

exigida pelo discurso lógico.³ Lonergan debruçou-se sobre a adequação e completude dos sistemas lógicos nas conferências de Boston College, em 1957, e noutros escritos. A teoria cognitiva projeta luz sobre os debates contemporâneos acerca dos princípios do terceiro excluído e de não contradição, chamando a atenção para a importância e as limitações do simbolismo na argumentação filosófica.

A ficção, poética ou literária, estimula a reflexão e a descoberta no sujeito, mas de modo indireto, mediante palavras que evocam memórias, imagens e sentimentos. Ao contar uma história, indiretamente transmitimos um conhecimento mas de que só nós extraímos conclusões. O autor literário não sumaria prós e contras.

A publicidade e a propaganda são radicalmente diferentes. Não estimulam a inteligência, a reflexão e escolha racionais. Tudo o que se pretende é criar hábitos, automatismos e respostas sem questionamento, mediante o condicionamento psicológico.

A inteligibilidade introduzida pela distinção entre modos de expressão permite ultrapassar as críticas mútuas típicas: "Para que serve a filosofia?", "O que prova a poesia?". O poeta censura a matemática porque nada ganha com ela. O cientista ataca a literatura porque a considera irrelevante. Essa guerra de "todos contra todos" assenta numa hermenêutica ultrapassada. Ciência, literatura e filosofia não estão ao mesmo nível porque recorrem a combinatórias distintas de experiência, entendimento, juízo e vontade. O intérprete tem que atender ao elemento intersubjetivo de experiência; ao elemento de inteligência que se refere ao explícito ou obscuro; ao elemento de verdade e falsidade que emerge de juízo; ao elemento de componente volitivo.

---

² Ibidem, p.595-60. Bernard Lonergan, *Phenomenology and Logic: The Boston College Lectures on Mathematical Logic and Existentialism*, in *Collected Works of Bernard Lonergan*, v.18, ed. Philip J. McShane, Toronto; Cf. Andrew Beards, "Logical Foundations: Lonergan and Analytic Philosophy", RPF, Braga, v.63, n.4, p.111-31, 2007.

Os modos de expressão nem sempre existiram ou foram reconhecidos como tais. Desenvolveram-se dos simples para os complexos. Isso complica as tarefas do intérprete que não tem ao seu dispor categorias nitidamente diferenciadas. O estilo da filosofia mudou com o passar do tempo. Poemas, diálogo literário, tratado em diálogo, tratado científico. Não há classificação absoluta dos gêneros literários. E os critérios de apresentação científica também se alteram. Os modos especializados têm a sua história. A relação entre finalidade da comunicação e meios de expressão é variável e não é possível providenciar tabela de correspondência entre ambas válida para ambos. Apenas é possível determinar os operadores que relacionam as classificações de cada nível de desenvolvimento.

Tal como sucede no método empírico generalizado, a possibilidade de interpretação também implica uma lâmina superior de generalidades e uma inferior de técnicas apropriadas. Mas aqui o problema reside na lâmina superior, dado o relativismo que afeta a interpretação. Tem duas componentes: a noção proteica de ser, como tudo o que julgamos existir. Tal noção proteica é diferenciada por séries dialéticas e genéticas. A possibilidade de ligar significados possíveis a documentos particulares reside na sequência genética que extrapola do presente para o passado.[4]

As características da arte

A análise lonerganiana acerca de sentido, funções e importância da arte revela importantes paralelos entre as suas análises e alguns elementos nas filosofias de Aristóteles, Agostinho, Kant, Hegel, Tolstói e Heidegger. A ênfase de Lonergan é na criatividade e avaliação artísticas, mostrando de que modo uma e outra constituem exercícios e testemunhas

---

[4] Cf. *Insight*, p.600-2.

da liberdade da consciência humana. No essencial, Lonergan responde a três questões fundamentais: 1) de que nos liberta a arte?; 2) para que nos liberta a arte?; e 3) por que razão a arte é íntima da liberdade?[5]

A arte liberta da utilidade biológica e liberta a inteligência dos constrangimentos da verificação científica, e da tirania factual do senso comum. O artista descobre a alegria espontânea da livre criação ao encontrar palavras, formas e cores e sons e movimentos. Existe no homem uma exuberância acima do prazer e da dor. A vida consciente tem alegrias que revelam a sua autenticidade espontânea nas brincadeiras incessantes das crianças, nos jogos estrênuos da juventude, na boa disposição de um dia de sol, ou de uma canção. Tal prazer não é puramente biológico; é o prazer estético suscitado pelas obras em que os artistas exerceram a sua inteligência para descobrir formas que unificam e relacionam os conteúdos e os atos desse tipo de experiência.

Ao libertar a experiência da função vital e a inteligência dos constrangimentos de prova e verificação, a arte liberta-nos para experiências de maior humanidade. O maravilhamento perante as coisas é anterior à sistematização de inteligência. Oferece respostas atraentes ou repulsivas sobre quem é o homem e quem deve ser. O estético e o artístico são simbólicos. Justificam-se ao atribuir-se significação. Mas o que é simbolizado é obscuro, e fora da formulação intelectual. O controle sobre as sensações gera no artista uma flexibilidade de experiência que o torna um instrumento de investigação intelectual. O pintor anda sempre de caderno; o cineasta olha para as formas enquadrando-as num écran; um escritor está sempre a ensaiar mentalmente frases e estilos etc. E nós procuramos por meio de participação e recriação a inspiração do artista. Buscamos verdade e valores sem os definir.

A arte é íntima da liberdade porque coopera na exploração de novas faces da experiência humana. A escultura é uma

---
[4] Glenn Hughes, "Lonergan and Art", *RPF*, Braga, v.63, n.4, p.183-93, 2007.

realização visual do espaço interior do sentimento. A arquitetura fornece eixos objetivos de referência para os grupos humanos. Enquanto o horizonte físico da Idade Média era pontuado por castelos e catedrais, a cidade contemporânea indica os seus valores com a *skyline* dominado por edifícios comerciais, bancos, bolsas e escritórios. Tal como a escultura está para a arquitetura, assim a epopeia e o drama estão para a poesia lírica; esta expressa os modos e disposições existenciais da pessoa, aquelas narram o destino de um grupo ou de um povo. A pintura é uma libertação de potencialidades, um assomo de energia que nos transporta além do espaço imediato e explora possibilidades de vida. A música representa uma imagem de tempo experimentado, uma forma não espacial que corresponde ao modo como os sentimentos se multiplicam e mudam, como na *durée pure* de Bergson.[6]

A arte tem um papel decisivo porque pressente novas possibilidades da vida humana. Ao introduzir imaginativamente novas intelecções e juízos de valor no fluxo da experiência desafia as visões limitadas. A arte liberta o homem dos impulsos biológicos e das limitações práticas. Além de estímulo ao prazer, mostra que esse é uma resposta ao significado estético, e pode ter um significado ético e espiritual. Por meio do humor e da sátira, a arte denuncia os absurdos sociais e, assim, torna-se um elemento-chave para restabelecer a expectativa de inteligibilidade e a saúde mental.[7]

---

[5] Sobre arte, cf. *Topics on Education*, CWL. 10; escultura p.225-6; arquitetura, p.226-7; poesia, p.228-32; pintura, p.223-5; música, p.227-8.
[6] Sobre arte, cf. *Insight*, p.208-9; *Method in Theology*, p.61-2; *Topics on Education*, p.211n. Joseph Fitzpatrick, "Lonergan and poetry", p.441-50, 517-26. Sobre humor e sátira, cf. *Insight*, p.647-49.

7. A EXPERIÊNCIA RELIGIOSA

Não há sumário de Deus

É muito natural que a religião seja um dos grandes focos de interesse de Lonergan, sacerdote jesuíta. Mas aqui não nos interessa o papel da teologia cristã nas suas respostas, mas sim elucidar de que modo ele questionou os temas da experiência religiosa em termos filosóficos. A sua afirmação de que a questão da religião está intimamente ligada com o objeto da filosofia tem a sua origem entre os clássicos gregos e foi prolongada de mil e uma maneiras nas metafísicas da Modernidade. Contudo, vez de uma reflexão crítica sobre a relação entre Deus e o mundo, Lonergan empreende, sobretudo, uma reflexão sobre o papel da mediação religiosa numa comunidade de cultura estabelecendo uma nova base para o diálogo inter-religioso.

A sua busca de uma "perspectiva universal" e o seu interesse nos fundamentos do pensamento e da ação levaram-no a refletir sobre a religião em numerosos escritos em que se destacam os capítulos 19 e 20 de *Insight* e o capítulo IV do *Método*. É de observar que Lonergan atinge laboriosamente essa fase de reflexão, porque a marcha dos seus argumentos raramente é proléptica. Só no capítulo 8 de *Insight* inicia afirmações sobre entidades como coisa, homem e pessoa, mediante a noção de probabilidade emergente. Só no capítulo 14 avança para os problemas filosóficos de realidade e objetividade. Só no capítulo 15 tenta descrever o método genético. Forçando um pouco esta nota, pode dizer-se que *Insight* é uma obra "metodologicamente" ateia até ao capítulo 19. Só a partir daí surge a referência temática ao divino, de acordo com a perspectiva superior introduzida.

No que se refere ao diálogo das religiões, o ponto de partida de Lonergan é a experiência religiosa em geral, e não o cristianismo em particular, como igreja institucional. Para ele, no centro de qualquer experiência religiosa reside o que os teólogos chamam a graça. Nada é fácil nessas matérias, sejamos cristãos, crentes de outras confissões, agnósticos ou ateus. Cada religião tem as suas categorias de expressão, colocando-se desde logo o problema da linguagem de intercomunicação. Lonergan está convicto que o núcleo de realidade está disponível para o debate filosófico transcultural. É um filósofo místico. A orientação para o "desconhecido que é conhecido", a "apropriação do transcendente", o "envolvimento com o mistério", o "chamamento à santidade", o "apelo à compaixão", o "cumprimento da Lei", eis as fórmulas com que a filosofia introduz o "desejo ilimitado" de conhecer um "ser ilimitado" e com que aproxima as religiões entre si em espírito de autêntica conversação na qual Lonergan assume uma linguagem cristã, no devido momento.

Uma vez mais, a primeira e mais fundamental necessidade nesse domínio é a da autoapropriação do sujeito, complementada com estudos específicos acerca da interioridade. É claro que toda a filosofia atenta à amplitude do seu objeto, levanta a questão da existência de Deus e da sua natureza. Mas de nada adianta tratar temas como a natureza de Deus, argumentos sobre a sua existência, o problema prático do mal, a compreensão em busca da fé, e fé e Humanismo, se a solução não respeitar, simultaneamente, a liberdade do homem e a densidade do mistério abordado. A partir do desejo ilimitado de conhecer, a consciência humana ascende à concepção de um ser divino. A experiência religiosa confronta-se com o problema racionalmente insolúvel da permanência do mal e, para Lonergan, a única maneira de a inteligência confiante o enfrentar é transformar-se em *intellectus quaerens fidem*.

A apropriação da consciência racional começou por uma teoria cognitiva e passa depois à teoria da realidade e à ética. Ao penetrar na experiência religiosa e ascender à concepção de Deus, o pensamento pode tomar caminhos distintos se quiser responder afirmativamente à questão levantada. Um dos caminhos enfrenta o problema do mal, para depois entender a solução providenciada por um Deus sapiente, bondoso e onipotente; trata-se de uma teodiceia que integra a religião na ordem objetiva do universo, como se observa nos capítulos 19 e 20 de *Insight*. Uma segunda via consiste em seguir a análise da experiência religiosa no capítulo IV do *Método*: a realização pessoal exercita-se quando cada um de nós se supera a si mesmo mediante o amor; e a religião é, essencialmente, a eleição e a ligação a um ser realíssimo, pelo que o amor de Deus constitui a experiência religiosa primária de todo o ser humano. Em suma, a religião é um momento crucial no processo de diferenciação da consciência humana, ainda que, ao longo da história, tenha sido distorcida por abusos, ilusões e violências por parte das igrejas institucionais.

Os argumentos sobre a existência de Deus

A nossa mente tem um desejo ilimitado de conhecer, aliás nunca satisfeito, e o nosso entendimento está em permanente estádio de desenvolvimento. As intuições de senso comum e as investigações científicas começam por incidir sobre o que é dado na experiência sensorial e, depois, o entendimento abstrai do elemento empírico e forma juízos universais com base em instâncias particulares.

A experiência sensorial condiciona a investigação mas nunca de modo absoluto e intrínseco. O entendimento é independente do fluxo da experiência e, por isso, estabelecemos leis com base em instâncias particulares. Inventamos máquinas que funcionam eficazmente. Criamos instituições que organizam a nossa existência. Intervimos na natureza, embora nem sempre da melhor maneira. Mas o entendimento que cria teorias com base na percepção liberta-se, cada vez mais, dos condicionamentos da experiência.

Por natureza entende-se o que é constituído pelo resíduo empírico ou por ele intrinsecamente condicionado. Com ela vivemos e progredimos. Mas o elemento espiritual, a capacidade de compreender, isto é, a consciência, não é assim constituído. O espírito é diferente. Tem a obrigação de criar. Tem a faculdade de fazer regras e de as transgredir. E está em permanente desenvolvimento.

Ora, se a nossa própria consciência é independente e transcende o empírico, *a fortiori* o faria um ato ilimitado de compreensão que entendesse tudo em todos; que não necessitaria de deduzir eventos ou prever por que seria onipotente; que, para revelar conhecimento, não careceria de transformar premissas abstratas nem combiná-las com informação concreta, porque seria onisciente; que seria imaterial, inextenso e intemporal, porque totalmente independente do resíduo empírico. Com maiores ou menores variações, foi com argumentos desse tipo que todas as culturas humanas discorreram sobre um ser absoluto e supremamente bom, ou seja, Deus.

Uma concepção coerente de Deus, contudo, não implica que Ele exista. "Deus existe" é uma frase que só pode ser transformada em proposição analítica mediante definições apropriadas de "Deus" e "existência". Em filosofia, chama-se "prova ontológica" o caminho que pretende afirmar a existência de Deus a partir do conceito que Dele fazemos. Santo Anselmo e Descartes argumentaram desse modo. Lonergan, contudo, considera que não possuímos a prova que os termos "Deus" e "existência" possam ocorrer em juízos de fato. Também não admite argumentos cosmológicos sobre a existência de Deus, com base na necessidade de uma primeira causa de todos os seres existentes e como forma de evitar uma regressão ao infinito. Nem a concepção coerente de Deus, nem a existência do mundo implica que Deus exista.

Afastados esses argumento como falaciosos, haverá possibilidade de afirmar racionalmente a existência de Deus? Kant chega a uma conclusão negativa na sua célebre refutação do argumento ontológico na *Crítica da razão pura*. Mas Lonergan tem os recursos da ontologia realista. Assim, aceita que não existe possibilidade de verificar o ato ilimitado de entendimento na experiência interna e externa, mas apresenta razões fortes para descrer que a verificação seja necessariamente um problema de experiência sensorial. Tudo o que é experimentado é um agregado de atos de observação. É o entendimento que unifica o agregado, ao se lhe referir. Não é a experiência, mas a reflexão crítica que se interroga se os dados correspondem à lei científica e se a correspondência é bastante para uma afirmação da lei. Do mesmo modo, convida-nos a reconhecer que os termos definidos não ocorrem na experiência interna nem externa, mas sim no termo de uma reflexão crítica sobre a unidade da experiência do divino.

No termo de uma análise poderosa que ocupa os capítulos 19 e 20 de *Insight* o filósofo leva-nos a conceber que um ser sem resíduo de fato, e capaz de tudo explicar, teria de corresponder a um ato ilimitado de entendimento que compreendesse todos os mundos possíveis. Assim, a existência de Deus não se verifica racionalmente pela afirmação racional *a priori*, nem pela experiência *a posteriori*, mas pela conclusão de um argumento que vem na sequência da centralidade da intelecção e que é o seguinte: se o real é completamente inteligível, Deus existe; ora, o real é; logo, Deus existe.

Um inquérito sobre a natureza da causalidade real revela que o ato ilimitado deve existir. Há tantos tipos de causas quantas as questões que podem ser colocadas. Mas devemos traçar uma distinção entre causas internas, externas e ocorrência.

A filosofia costuma falar de três tipos de causas externas – eficiente, final e exemplar – que respondem, respectivamente, às questões de "como", "segundo que modelo" e "para que fim" existe o universo. Se aplicadas genericamente, encontraríamos um primeiro agente, um fim definitivo, e um exemplar primordial do universo do ser proporcionado. Começaríamos por afirmar a inteligibilidade do que existe. Depois, deveríamos reconhecer que encontramos fatos inexplicáveis. O termo dessa análise é um ser sem elemento factual e capaz de fundar uma explicação que teria de ser um ato ilimitado de entendimento que compreendesse todos os mundos possíveis.

Para mostrar que existe um entendimento ilimitado cuja vontade funda o mundo como ser livre, eterno e criador e mantenedor do tudo que existe, Lonergan vai eliminando possibilidades. Tem de ser um só; não pode ser necessário; não pode ser arbitrário. Mas o que é inteligível sem ser necessário nem arbitrário é o que decorre livremente da escolha de uma consciência racional. Assim, Deus é inextenso e intemporal. É criador porque faz emergir o mundo a partir do nada. É pessoal porque é consciência de si racional. É causa do mundo que dele depende. Em resumo: a existência de Deus e de tudo o que existe é inteligível e possível porque existe o ato ilimitado de inteligibilidade. Lonergan está aqui preso por um certo antropomorfismo, como virá a reconhecer noutros escritos. A sua justificação é que apresenta a consciência numa tensão entre desejos racionais e irracionais e pretende resolvê-la com o desejo ilimitado de conhecer.

O desafio do mal

Admitindo que há criação e que a vontade divina é eficaz, o mundo está cheio de imperfeições e de corrupção. Será então Deus responsável pelos males do mundo? Antes de aceitar essa conclusão, comecemos por algumas distinções.

O mal moral consiste na falha da liberdade em escolher as ações boas e em rejeitar as censuráveis. A pessoa que age de modo ilícito não quer ser atenta, nem inteligente, nem racional, nem, sobretudo, responsável A ação moralmente má aumenta a tensão social e é ocasião para novas violências. Os males físicos decorrem das insuficiências de uma ordem do mundo em que a probabilidade emergente generalizada não evita que a saúde ombreie com a doença, a geração da natureza com as catástrofes, a desordem com a organização, o desenvolvimento com a insegurança etc.

Os males físicos e morais seriam o mal radical se o critério definitivo do bem e do mal fosse o prazer e a dor. Mas se o critério do bem é a inteligibilidade, o mal radical resulta dos atos humanos que Deus não quer, mas que não proíbe. Além do que Deus quer e assim existe, e do que Ele não quer e não existe, há os pecados radicais que ele não quer, mas que não proíbe. A única justificação da permissão divina do mal radical – corrupção em termos filosóficos ou pecado em termos teológicos – é que só assim pode o homem ser livre e consciente. A criação divina não pode reduzir a liberdade a uma aparência ilusória. Assim é bom e não mau conceber, escolher e contribuir para uma ordem mundana embora nela persista a corrupção.

Ainda assim, o mal radical é incompreensível porque resulta de uma deficiência na inteligibilidade das ações de um ser racional. É interessante, mas irrelevante, o argumento abstrato de Leibniz que os males são uma ocasião de bem. Esse argumento custou-lhe a poderosa sátira de Voltaire, no *Candido*, de que não é evidente que não vivemos no melhor dos mundos possíveis, como pretendia o sábio Pangloss. E o terramoto de 1755 em Lisboa foi uma ocasião poderosa para ilustrar essa tese. Os males morais tanto podem conduzir ao confronto e eliminação mútua como ao reforço dos ciclos de violência. Se o inferior não se supera e o subdesenvolvido não se desenvolve, o que podemos dizer é que na sua origem existe um "mistério da iniquidade" quase tão forte como o "mistério de salvação".

A compreensão em busca da fé

A articulação do problema do mal e da ordem mundana fornece uma estrutura heurística que permite descrever as características gerais da solução do problema. 1) A solução será uma só, uma vez que existe um só Deus, uma só ordem mundana e um indivíduo, e um só problema social do mal. 2) A solução será universalmente acessível e permanente, porque o problema se estende a todos os tempos e classes. 3) A solução dá continuidade à ordem já existente no universo. Uma vez alcançada a estrutura da solução, podemos apelar aos fatos.

O fulcro da solução reside na reorientação da vontade, da razão e da sensibilidade humanas e na recusa da corrupção dessas faculdades pela ignorância e pela ganância, social e econômica. Segundo o vocabulário lonerganiano, devem surgir "novas formas conjugadas" que incutam novas prioridades de ação. Tais formas serão sobrenaturais, em certo sentido, porquanto sistematizam elementos não sistemáticos da natureza e porque, como Lonergan diz, "não existem póspensamentos divinos".

A humanidade carece de mistério. Carece de imagens carregadas de afetos para guiar e impulsionar a ação. Mas o mistério que é carência e solução tem de ser fato e não ficção, não uma estória, mas a história. A solução exige dados que comovam a natureza sensível, solicitem a atenção, alimentem a imaginação, estimulem a inteligência e vontade, libertem a afetividade e controlem a agressividade.

Lonergan assume que a tendência emergente da solução e a respectiva realização está escrita nos fatos históricos do povo de Israel e culmina nas palavras e atos de Jesus Cristo. Em termos muito simples, acredita na revelação cristã. É uma posição confessional, mas é também o que considera a posição intelectualmente mais desenvolvida. A inteligência humana deve receber verdades básicas, não porque os homens sejam incapazes de raciocinar, mas porque são incapazes de unanimidade. À vontade humana é preciso acrescentar disposições poderosas para contrariar os efeitos dos absurdos sociais. Verdades reveladas são aquelas que os homens nunca descobririam que não compreenderiam por si sós. E os que souberem da existência da solução têm o dever de anunciar a boa nova e de a exprimir em todas as culturas.

A fé e humanismo

Um humanismo consistente deve conter a solução do problema do mal. Das soluções concebíveis, umas pretendem eliminar o problema alterando as qualidades humanas mediante a aplicação de tecnologias. Entre a variedade imensa de propostas, destacam-se as que se revoltam contra o divino e que condenam a experiência do mistério como um mito e exaltam a razão contra a fé. Por outro lado, a solução que ultrapassa o humanismo e pede uma perfeição sobrenatural só pode ser imperfeitamente realizada. A história das religiões mostra como a realização imperfeita da solução sobrenatural muitas vezes isola a fé ou a manipula.

Um humanismo consistente deve aceitar as limitações dos que professam a fé e a solução sobrenatural, e deve seguir o desejo irrestrito de conhecer. Assim descobrirá a única solução contra o mal na graça sobrenatural que respeita a liberdade humana. Caso o humanismo se contente com menos, refugia-se em contraposições, instrumentalizadas por movimentos político-sociais e religiosos. Cabe à filosofia criticar esses absurdos sociais e propagar essas verdades libertadoras. Assim termina *Insight*, a magna obra de Bernard Lonergan.

8. Tendências da filosofia para o século XXI

Um recomeço

Vinte e cinco anos passados sobre a morte de Bernard Lonergan coloca-se-nos a questão de saber como a sua filosofia responde aos desafios práticos e conceptuais de um mundo em ebulição. O fenômeno de aceleração das novas tecnologias e a crise mundial fazem-nos caminhar num território inexplorado. Aquilo a que alguns chamam a revolução Bio-Info-Nano, ou seja, as inovações no campo biomédico, na tecnologia informática e na ultraminiaturização, ultrapassa as nossas expectativas e desafia a nossa compreensão. Os avanços das tecnologias Bio e Nano vão permitir mais oportunidades de crescimento econômico, embora com risco de aumento de assimetrias sociais: a teoria de Aubrey de Grey sobre o envelhecimento causado por radicais livres mitocondriais sugere que a esperança de vida humana pode aumentar radicalmente.[1]

---

[1] Aubrey De Grey; Michael Rae, *Ending Aging. The Rejuvenation Breakthroughs that Could Reverse Human Aging in Our Lifetime*, St. Martin's Press, 2007.

O progresso tecnológico está a acelerar de tal modo que é difícil prever o que acontecerá no futuro próximo com base em extrapolações. Em matemática, chama-se singularidade a um ponto em que uma progressão, habitualmente contínua, se torna infinita, implicando a falha de qualquer extrapolação além desse ponto. Ray Kurzweil disse, em 1999, que a singularidade se aplica ao crescimento súbito de qualquer tecnologia. O crescimento da economia mundial ocorreu sempre devido a avanços desse tipo. Calcula-se que a economia duplicou desde o Paleolítico até a Revolução Neolítica; que a nova economia agrícola duplicou em cada ciclo de 900 anos; e que a partir da Revolução Industrial, a produção econômica do mundo duplicou, em média, a cada quinze anos. Em 2008, o otimista Robin Hanson sugeriu que a nova Singularidade pode aumentar o crescimento econômico mundial entre 60 e 250 vezes. Entretanto, os pessimistas nos estão dizendo que entramos em um ciclo de grande recessão.

Estamos, também, a assistir a uma mudança no trabalho humano. Com a revolução BIN, as indústrias estão a cortar milhares de trabalhadores que fabricavam um número limitado de padrões de produtos e passaram a ter algumas centenas ou dezenas de operadores de máquinas e computadores que fabricam milhares de padrões de produtos, conforme os desejos dos clientes. A alteração das fronteiras tradicionais entre a natureza e a cultura, entre o orgânico e o técnico, entre a cidade e o campo está a dar-se perante o nosso olhar, exigindo a alteração concomitante das fronteiras entre a ética e a ontologia, entre a antropologia e a cosmologia. Nesse sentido, é a hora da filosofia e nunca o mundo precisou tanto dela para sua orientação.

Entendo que vivemos neste início do século XXI numa situação sem precedentes, de escandalosa ruptura entre o conhecimento dos meios técnicos de desenvolvimento da humanidade e a persistência de males físicos e morais – guerras, depressão e tráfico de pessoas, armas e drogas – contra os quais sinto a necessidade de testemunhar. Cabe à filosofia fazer-nos sair do estado de negação criado pelos "*opinions makers*" que, ao atribuírem a persistência desses escândalos a motivos menores, não sabem identificar o que está em jogo.

E, finalmente, de que valeria a filosofia se não fosse uma inspiração contra a indiferença perante as vulnerabilidades do ser humano?

Creio, efetivamente, que neste início do século XXI é premente que a filosofia se socorra das respostas dispersas pelos verdadeiros pensadores do passado, criadores de verdades e destruidores de mitos. Essas respostas são silenciadas pelas opiniões convencionais sobre a viabilidade prática e a validade intelectual dos pressupostos da humanidade contemporânea.

E essas respostas dificilmente têm eco numa época de transição como a nossa que já não acredita em ideologias – porque a ciência desmistificou os respectivos fundamentos unilaterais – mas que vive e pensa recheada de detritos ideológicos ainda não substituídos por matrizes interpretativas cuja construção é sempre morosa e, num certo sentido, inesperada.

A filosofia humanista de Bernard Lonergan vem responder a essas expectativas. Efetivamente, os humanismos contemporâneos estão feridos de morte pelas suas expectativas imanentistas, sem ter em conta o que Reinhard Kosellec designou por "espaço da experiência humana". A percepção correta de que "o mundo é feito de mudança" tem levado a sucessivas tentativas de realização intramundana de um *eschaton* ou finalidade sobrenatural. Mas contra a ideia de que os objetivos intramundanos substituíram a salvação "no outro mundo", a experiência histórica do século XX mostrou que as religiões políticas instilam ódio, algumas utopias subvertem as instituições sociais e o fundamentalismo tecnológico agrava a situação do homem no cosmos.

Não faltam exemplos de como os resultados da modernização frustram as aspirações da Modernidade e de como as "expectativas imanentistas" criam novas alienações. Hannah Arendt escreveu sobre a alienação resultante do fosso crescente entre a esfera pública e o universo privado de indivíduos que não participam na vida pública. Dominique Aron Schnapper escreveu sobre a "morte do trabalho"; 15% da população de uma sociedade pós-industrial assegura a produção a todos os outros. Hans Jonas alertou como o equilíbrio entre homem e natureza está profundamente alterado.[2] Para Friedrich Hayek, um eleitorado cujas expectativas foram condicionadas pela visão de um Estado que se apresenta e justifica exclusivamente como fonte de benefícios materiais está mal informado sobre as possibilidades das instituições.[3] Os "paraísos artificiais" são a nova escravatura dos ricos, após a humanidade se libertar dos constrangimentos da pobreza, como Baudelaire alertara; as "guerras do ópio" são hoje travadas e perdidas no Ocidente, sendo o tráfico das drogas o terceiro comércio mundial, embora ilegal.

Como demonstrado por Peter L. Berger, os problemas e as crises contemporâneas envolvem muito mais do que questões de transição.[4] O problema não é de "atraso" na adaptação humana a novas situações – o que poderia ser resolvido *tant bien que mal* por uma "nova moralidade" e uma "nova cidadania" à maneira de Durkheim. O problema é que a autointerpretação do homem moderno está ferida por esses velhos humanismos que, ao mesmo tempo, exigem e não se satisfazem com uma nova ordem. O problema, fundo e dramático, é que são alimentadas enormes expectativas de um mundo sem dor, sem fome e sem pobreza, numa palavra, um mundo sem mal – de onde até poderiam ser eliminados os recursos do verdadeiro humanismo que acredita, espera e tem compaixão pelo homem. Ao mesmo tempo, compromete-se a realização desses ideais com os meios escolhidos. É a esses desafios que responde a filosofia de Bernard Lonergan.

---

[1] Hans Jonas, *Philosophical Essays*, Chicago: Chicago University Press, 1974: Hans Jonas, *The Imperative of responsability*, Chicago: Chicago University Press, 1984.
[2] David Levy, *The Principle of Order*, Missouri University Press, 1987, p.183
[3] Peter L., Berger *Facing Up to modernity: Excursions in Society*, Politics, Religion, New York, 1977.

Um novo humanismo?

Afirmou Henri Bergson em 1911, pensando em Sócrates, que os filósofos começam por dizer "Não!" para depois passarem às propostas afirmativas. Assim, para situar Bernard Lonergan numa tradição maior de filósofos, poderei dizer que ele é um dos que, dizendo "Não!" ao iluminismo radical e ao imanentismo moderno, vêm ligar a razão às experiências espirituais e o progresso ao sagrado. A abertura da consciência à transcendência alimenta a apropriação das nossas potencialidades.

Contra o iluminismo radical do século XVIII que opôs a fé e razão, a tradição e a modernidade, surgiram no século XX as mais diversas correntes que realçaram a finitude do ser humano e a necessidade de contextualizar o conhecimento e a normatividade. Esse movimento começa com as objeções de Dilthey à filosofia hegeliana da história. Reaparece nos antropólogos Evans-Pritchard e Malinowski; na noção de Husserl de *Lebenswelt*; no conceito analítico do "fundo" em Searle; nos "jogos de linguagem" de Wittgenstein; no princípio do conhecimento segundo "paradigmas" de Kuhn; na "*épistéme*" de Michel Foucault; no "universo simbólico" de P. Berger e N. Luckmann. E Gadamer falou do preconceito do iluminismo contra os preconceitos. Eric Voegelin estabeleceu o princípio da diferenciação da ordem na história.

Todo esse reconhecimento das insuficiências do "pensamento fechado" pode ser explorado num sentido céptico e degenerou mesmo em relativismo e cepticismo após os anos 1960 no eixo filosófico franco-alemão a que se juntaram alguns epígonos americanos e noutros países europeus. Seria o que Rorty chamou "o fim do sonho da medida universal". Da impossibilidade de uma matriz epistemológica universal, falam-nos Lyotard, Vattimo e Derrida e apelam para interpretações de tipo nietzschiano que induzem uma cultura fragmentária e uma perda do sentido de comunidade.

Um diagnóstico semelhante em alguns pontos surge na teoria crítica da Escola de Frankfurt, com Jürgen Habermas e Karl-Otto Appel.

Bernard Lonergan segue um caminho muito diferente desses relativismos. Num curto mas brilhante texto, intitulado *Segundo Iluminismo*, por sugestão de Frederick Lawrence, dissecou como o primeiro Iluminismo foi desenvolvido em termos sociais e culturais. "Culturalmente, foi o triunfo de Newton, que realizou em mecânica o que Euclides fizera em geometria e cujo sucesso levou os filósofos a desertar o racionalismo e a engrossar as fileiras dos empiristas." Socialmente, foi o movimento que iria varrer os resquícios do feudalismo e do absolutismo, ao proclamar a liberdade, a fraternidade, a igualdade.[5] Embora esse primeiro iluminismo ainda desfrute de uma posição cultural dominante, desenvolveu-se uma antítese no seu interior, cujos eixos de cristalização foram reconhecidos pelo próprio Lonergan. Estamos a falar da profunda transformação na lógica, da matemática e das ciências exatas no início do século XX; da filosofia que despertou dos sonhos historicistas e entrou nos debates do século XX com a fenomenologia, a hermenêutica, o existencialismo; do desenvolvimento das ciências humanas que encontraram aliados nas tendências sociológicas e psicológicas e se afastaram de contraposições reducionistas e positivistas.

Deixemos Lonergan sintetizar esse recomeço: "Culturalmente, as suas bases surgiram com a relativização da Geometria Euclidiana: esta deixou de ser considerada como a única dedução de uma verdade necessária a partir de princípios autoevidentes, e tornou-se apenas um dos muitos sistemas geométricos possíveis, deduzidos de postulados livremente escolhidos".[6] A mecânica de Newton sofreu um destino

---

[4] Lonergan agradece o conceito de "Segundo Iluminismo" a Frederick Lawrence.
[5] Thomas S. Kuhn, *The Structure of Scientific Revolutions*, Chicago: University of Chicago Press, 1970.

semelhante ao ser aceite a teoria da relatividade restrita de Einstein: as leis necessárias da natureza cederam perante o "princípio de incerteza" de Heisenberg; e as "leis de ferro" da economia foram ignoradas por Keynes na Grande Depressão dos anos 1930. Além disso, o novo significado concedido à estatística permitiu substituir a variação por acaso, de Darwin, pela probabilidade de emergência de novas formas, enquanto a sobrevivência dos mais aptos se converteu em maiores probabilidades de sobrevivência. A visão do mundo do mecanicismo determinista foi cedendo perante a visão dos esquemas de recorrência de um mundo em que coexistem ecossistemas inferiores e superiores.

Ao fazer um balanço de duzentos anos de filosofia contemporânea, Bernard Lonergan destaca justamente o papel inaugural de Kant e o seu projeto de procurar uma ultrapassagem do debate entre o racionalismo e o empirismo, rejeitando a razão pura teórica, e atribuindo o primado à razão prática. Os idealismos absolutos de Fichte, Schelling e Hegel tentaram definir um novo princípio racionalista. Mas esse esforço especulativo de sistemas abstratos não sobreviveu à ilusão de terem atingido uma filosofia completa e o fim da história. Trazendo o idealismo à terra, Schopenhauer veio dar prioridade ao mundo como vontade e representação; Kierkegaard evidenciou o salto da razão para a fé; Newman apelou à consciência; Dilthey, à filosofia da vida; Nietzsche, à vontade de poder; Blondel, à filosofia de ação; Ricoeur, à filosofia da vontade; e tendências semelhantes poderiam ser verificadas em pensadores pragmatistas, personalistas, fenomenólogos, e existencialistas do século XX. A conclusão pendeu para a afirmação filosófica da liberdade e da autonomia humanas.[7]

Essa tendência geral das filosofias do século XX foi acompanhada pelas ciências humanas. As filosofias da história de tipo hegeliano, que dispensavam os historiadores, foram substituídas, ainda no século XIX, pela Escola Histórica Alemã.

---

[6] Cf. *A Third Collection*, 1985, p.63-4.

August Boeckh formulou o ideal historiográfico como a reconstrução interpretativa das construções da humanidade. O significado e os valores têm um papel constitutivo e orientador na vida humana. O seu procedimento é empírico, sem ser empirista, cabendo-lhes recolher os elementos de uma cultura, linguísticos, literários, epigráficos, arqueológicos, numismática. Para isso deveriam entrosar todos os tipos de contributos, cronológicos, comparativos, críticos. O teórico desse movimento hermenêutico foi Wilhelm Dilthey, que fundamentou a distinção entre ciências da natureza e do espírito.

A abordagem hermenêutica das ciências humanas nunca se tornou predominante no século XX mas contribuiu para abalar o positivismo. A "terceira via" de Abraham Maslow, em psicologia, evita a focagem unilateral do psicólogo experimental no sub-humano e do psicólogo clínico no anormal.[8] Viktor Frankl, em psicanálise, soube contrariar os pressupostos mecanicistas das escolas de Viena por meio da logoterapia. Talcott Parsons salientou que os sociólogos anularam as especulações materialistas sobre a religião ao velho estilo dos antropólogos.[9] Também Robert Bellah atribui notável papel à religião nos sistemas sociais.[10] A correlação entre processos neurofisiológicos e estados de consciência, descoberta por Hans Berger nos anos 1920, trouxe à luz as diferenças fisiológicas entre a consciência comum, e outros estados da consciência.[11]

---

[7] Abraham H. Maslow, *Toward a Psychology of Being*, New York: Van Nostrand, 1968, p.ix.

[8] Ernest Becker, *The Denial of Death*, New York: Free Press, 1973; Herbert Finnegart, *The Self in Transformation: Psychoanalysis, Philosophy, and the Life of the Spirit*, New York: Harper Torchbook, 1965; Paul Ricoeur, *Freud and Philosophy: An Essay of Interpretation*, transl. Denis Savage, New Haven: Yale University Press, 1970; The conflict of Interpretations: Essays in Hermeneutics, Evanston: Northwestern University Press, 1974.

[9] R. Bellah, *Beyond Belief: Essays on Religion in a Post-Traditional World*, New York, Harper & Row, 1970, p.12.

[10] Schulte, W. (1959), *Hans Berger: a biography of the discoverer of the electroencephalogram*, Münchener medizinische Wochenschrift, (1950) v.101, n.22, p.977-80, 1959 May 29.

Poderíamos aumentar essa lista de renovações filosóficas e científicas que permitem um novo humanismo. Mas essa é uma tarefa que deixamos gostosamente ao leitor que a poderá utilizar para se apropriar do pensamento de Lonergan. O que Lonergan nos solicita é que a filosofia cumpra, também, uma missão social. Assim como o primeiro iluminismo acompanhou a transição da sociedade feudal para a burguesa, diz-nos ele, "o segundo pode encontrar um papel social e uma tarefa, ao oferecer esperança e orientação a populações alienadas por grandes instituições com gestão burocrática".

Um guia da cosmópole

Uma exploração das possibilidades referidas exigiria um resumo enciclopédico. Em alternativa, tentemos esboçar algumas das orientações de Lonergan em face dos desafios teóricos no início do século XXI e perante as aporias que se colocavam no final do século XX. Se pensarmos que todas as grandes metrópoles estão hoje em dia integradas no processo de globalização, e que as pessoas estão construindo suas "tribos digitais", compreendemos o alcance do que Bernard Lonergan designou por "cosmópole", a comunidade de pessoas que partilham de uma "perspectiva universal" por meio da filosofia. A partir da noção de que "a cosmópole, como todos os outros objetos da inteligência humana, é, em primeiro lugar, um X, o que existe para ser conhecido quando alguém compreende", nós podemos indicar os seus principais aspectos.[12]

a. O pensamento crítico é bem-vindo se não aprisionar a história nas malhas da razão. Paul Ricoeur falou que existe uma aporia entre a reabilitação gadameriana da tradição mediante o fim do "preconceito contra o preconceito" e a defesa habermasiana de uma cultura

---
[12] Cf. *Insight*, p.263-7.

emancipadora da razão. Lonergan supera essa aporia ao suprimir a contradição entre a tradição e a crítica. Se a tradição, segunso Alasdair MacIntyre, é a interpretação em curso do significado do passado, a crítica "não está inerentemente fora dos limites da tradição, a menos que a tradição seja essencialmente inautêntica".[13] A tradição não é um objeto "agora lá fora" para ser confrontada e dominada por intelectuais. Nunca nos emancipamos inteiramente de pressupostos. A compreensão do ser dotado de história exige a tradição como condição de pensamento crítico porque boa parte do nosso conhecimento assenta na crença.[14]

O pensamento crítico é necessário e possível. Mas tal como não precisamos de captar todos os fatos do universo e suas interconexões para realizar um juízo virtualmente incondicionado sobre um fato particular, também não necessitamos de compreender a totalidade da tradição para julgar um erro particular. Ao expormos um erro, podemos eliminar erros relacionados e, eventualmente, conjuntos de ideias erradas, à medida que desenvolvemos a aprendizagem.[15]

A cosmópole combate a "tirania dos fatos". Os principais "tiranos" são as ideologias com as suas irracionalidades e o "pensamento único" e o cientismo que se configura como a derradeira das superstições. A cosmópole combate essas interpretações fragmentárias, incoerentes e opressoras, permitindo a apropriação das normas de autotranscendência e da possibilidade de existência autêntica.[16] Os resultados desse combate que interpela a consciência humana na sua plenitude

---

[13] Ricoeur, "Ethics and culture: Habermas and Gadamer in dialogue"; MacIntyre, *After Virtue*, cap.15.

[14] Sobre cosmópole e consciência, cf. *Insight*, CWL 3, p.263-64; sobre autenticidade e inautenticidade, cf. Method in Theology, p.110, 252.

[15] Cf. *Insight*, dúvida universal, p.737; opinião, p.725-8; juízo de erro, p.366-71, 736; crítica do erro, p.197-8, 311-12, 314-16, 736.

[16] Sobre enviesamentos do senso comum, cf. *Insight*, p.250-67; absurdo social, p.255-7, 259, 262; testemunho de autotranscendência, p.264-5.

podem surgir na ciência, na historiografia, na arte, ou simplesmente na vida quotidiana.

b. A historicidade. Enquanto a filosofia da história sofria ataques severos de vários quadrantes (desde o historicismo à desconstrução), Lonergan trabalhava no sentido de a reconstruir com o "antifundacionalismo fundacional". Para resistir ao subjetivismo cartesiano, à construção sistemática conceptualista e ao objetivismo positivista, é necessária uma perspectiva abrangente e é precisa uma ruptura com o preconceito dominante de uma bifurcação entre subjetividade e objetividade.

A sua filosofia da história investiga as estruturas complexas e dinâmicas de interação. Assim, afirma em simultâneo o caráter perspectivista do conhecimento histórico, e a sua objetividade. Além disso, clarifica as relações de complementaridade entre as disciplinas históricas, sublinhando a diversidade de domínios de investigação, e sem incorrer no caráter *a priori* de uma história universal unilateral.[17]

A historicidade exige uma dinâmica cognitiva de relação entre fato e avaliação. História crítica e história factual são complementares; a primeira exige a descrição, enquanto a segunda depende dos avanços de ciências auxiliares que, por seu turno, dependem da pesquisa pura. Sem os conceitos de declínio e de progresso, perdem-se de vista os fatos relacionados com o caráter dramático da história. As questões fundamentais da filosofia – verdade, objetividade, bem etc. – meditadas na cosmópole não são relíquias do classicismo grego, nem do dogmatismo medieval, nem do racionalismo moderno. Pelo contrário: o esforço de estabelecer fundamentos filosóficos é cada vez mais relevante, pois só assim é possível estabelecer a comum origem, no ser, dos fatos estimados pela ciência descritiva e dos valores estimados pelo pensamento crítico.[18]

---

[17] Thomas McPartland, "Lonergan's philosophy of history", *RPF*, Braga, v.63, n.4, p.153-81, 2007.

[18] Sobre o conhecimento especializado, cf. *Method in Theology*, cap.5-10.

c. A interdisciplinaridade. Convida à cooperação metódica entre disciplinas e opõe-se radicalmente ao cepticismo. Como a colaboração se estabelece ao nível da atitude metódica e não de uma teoria metafísica, mantém um caráter aberto e dinâmico.[19] A colaboração funcional é aquela em que a teoria não se opõe à prática. É preciso cultura teórica para captar os desenvolvimentos em longo prazo, negligenciados pelo pragmatismo; e é preciso inteligência prática para aplicar as intelecções da cultura em resposta a desafios.[20]

A cooperação entre disciplinas especializadas pode ser exemplificada pela história do pensamento. A história das mentalidades, a história da cultura, a história das ideias e a história da filosofia analisam a expressão de formas filosóficas cada vez mais diferenciadas. A teoria cognitiva de Lonergan pode auxiliar essa cooperação metodológica, mas a grande base da colaboração é a nossa apropriação da consciência e a afirmação consequente do isomorfismo entre conhecer, ser e agir.

d. A educação. A pedagogia deve incentivar a apropriação dos procedimentos da intelecção – ser atento, inteligente, racional e responsável – em toda a sua complexidade; e o sistema educativo deve criar as condições para que essa apropriação tenha êxito. A educação superior deve aprofundar o diálogo com a tradição dos livros clássicos.[21] Deve alimentar a visão em longo prazo, a cultura teórica e a aprendizagem desinteressada. A educação para as humanidades deve ser compatibilizada com o ensino técnico, profissional e especializado. Quem se especializa necessita de educação para as humanidades a fim de participar na comunidade maior dos que estimam a sabedoria.

---

[19] Cf. *Insight*, cap.7, p.415-21; *Method in Theology*, p.xi, 6, 81-3, 93-6.
[20] Análise teórica, cf. *Insight*, p.252-3, 255, 258-61, 265-6; comunicação prática, p.266, 585-87; e *Method in Theology*, p.78-9.
[21] Cf. *Method in Theology*, p.161-2.

e. A abertura à transcendência. A abertura ao ser orienta-se para a transcendência. Mas a cosmópole não se resume na tradição porque essa pode ser inautêntica. Não se limita à autoridade de um magistério que também pode ser inautêntica, mesmo se invocar uma tradição que o não é. Não reside em tradicionalistas que se sujeitam às autoridades, mas que podem ser crentes inautênticos e, assim, insensatos. Não reside apenas em pensadores independentes que desafiam ou forjam novas tradições. A abertura reside, antes, na fidelidade às normas da investigação – ser atento, inteligente, racional, responsável e amigo – normas respeitadas pelas minorias criadoras que criam a tradição, pelas autoridades que a desenvolvem e pelas maiorias que a praticam. A cosmópole reside na comunidade dos que respeitam as normas de investigação operantes na tensão entre o sujeito questionante e a herança da tradição. Parte da pessoa individual mas enraíza-se nas comunidades de pertença que reconhecem o primado do espírito sobre o mundo.[22]

A terminar, escutemos Lonergan sobre esse tema:

> Pode-se indagar até que ponto se poderá delinear melhor essa "cosmópole" introduzida como resposta teórica ao problema prático do declínio social. Não pode ser uma força policial; as ideias estão primeiro e se de fato tiverem de ser eficazes e não apenas uma fachada, a força deveria ser incidental. Não eliminaria a existência de instituições como a ONU ou um governo mundial, mas tenderia a contrabalançar a disposição míope dessas organizações para aspectos estritamente práticos. A cosmópole estaria preocupada particularmente em pôr em prática ideias oportunas e frutuosas que de outro modo seriam esquecidas, devido ao facciosismo do senso comum. Embora sumamente prático em longo

---

[22] Cf. *Third Collection*, p.5-12, 188-92, 219-21. *Collection*, p.185-7; *Method in Theology*, p.240-3.

prazo, não perderia tempo e energia em assuntos práticos de curto prazo, a intrometer-se nos assuntos de classes e Estados específicos. Não se preocuparia muito em condenar o egoísmo individual, já suficientemente reprovado por grande parte da sociedade humana. Nem daria particular atenção ao egoísmo de grupo, que gera inevitavelmente o seu reverso, após um certo período. Mas a cosmópole ocupar-se-ia a atacar e ridicularizar essas racionalizações dos pecados dos grupos dominantes que tanto contribuem para o ciclo maior do declínio. Não se preocuparia muito com deslocações de poder entre classes e nações. Mas preocupar-se-ia com os mitos e as falsificações da história que as acompanham. Impediria a formação das memórias obscurecedoras com que cada ascensão ao poder esconde a sua maldade e iniquidade E encorajaria a verdade nua e crua e quando fora de moda.[23]

Recepção e desafio

A filosofia de Lonergan permite-nos integrar numa "perspectiva móvel" a pluralidade das intelecções verdadeiras que resultam do discurso e da *praxis*. Compreende a racionalidade de uma perspectiva inovadora, abrindo a porta à autoapropriação de cada um de nós como sujeito dirigido pelo "desejo de conhecer". E esse desenvolvimento da autocompreensão é o ponto de partida para construir e partilhar uma "comunidade de responsabilidade" que vem corrigir a luta pelo poder.

É interessante como essa proposta nasceu de um sacerdote jesuíta, um brilhante professor da Universidade Gregoriana com todo o peso da tradição católica, a pedir que cada um de nós pense por si mesmo e a afirmar que nenhum dogma nos salva se não for "autoapropriado" ou

---

[23] Cf. *Insight*, cap.7, todo o ponto 8.6.

assumido. Nos bastidores do Vaticano II, onde o seu conceito de "desenvolvimento" foi muito referido, Bernard Lonergan era um teólogo fora do comum. Embora nunca tenha endossado a "ética de situação" característica de círculos protestantes, nem muito menos a cristologia de Teilhard de Chardin sem bases cientificas, quase afirmava que a melhor validação da ética não é a doutrina, mas sim o senso comum, ratificado pela meditação cristã. Nele existem ecos profundos dos primeiros existencialistas, como Emanuel Lévinas e Thomas Merton.

Essa filosofia provou ser muito libertadora. Quem, tão a sério, e tal como Sócrates, defende que devemos prestar atenção à nossa própria experiência de pensar, e nos deixa extrair as nossas próprias conclusões, torna-se apelativo para além de confissões e doutrinas, como se torna evidente na visão lonerganiana das religiões comparadas. A mensagem que devemos "confiar na nossa mente" conjuga dois apelos muito distintos: é preciso ser-se científico para adoptar o método empírico generalizado como meio de analisar a realidade; e é preciso ser-se radicalmente filosófico para reflectir de acordo com o imperativo "Sê tu próprio!". Lonergan usava esse imperativo com a discrição que impunham os seus votos de pobreza, celibato e obediência. Mas a liberdade de espírito que defendia é também o espírito da liberdade que caracteriza, como vimos, a sua ética e a sua estética e, bem, assim, a liberdade religiosa. Por isso, os seus primeiros seguidores foram tendencialmente místicos, e definitivamente rebeldes. De algum modo, são individualistas que, paradoxalmente, escolheram seguir um guru.

A situação está a mudar e cada vez mais pessoas, em todos os ramos do saber, se sentem atraídas pelo pensamento de Lonergan, que escreve para todos. As suas obras estão a receber cada vez mais difusão, nomeadamente em Portugal e, agora, no Brasil. Essa difusão pode ser explicada por uma fórmula lonerganiana que é bem a epígrafe de toda a sua filosofia: "O problema do conhecimento de si com que se confronta o ser humano deixou de ser uma preocupação individual, inspirada por um sábio da Antiguidade. Ganhou as dimensões de uma crise social e é legítimo ver nele o desafio existencial do século XX".[24] Cabe-nos tão só acrescentar: e também do século XXI.

---

[24] "The Original Preface of Insight", in *Method: Journal of Lonergan Studies* 3/1 (1985) p.5.

LIVROS PUBLICADOS DO AUTOR

- *A Filosofia Civil de Eric Voegelin*, É Realizações, 2010
- *Filosofia Política em Eric Voegelin*, É Realizações, 2009
- *A libertação de Espanha -1813. De Vitória aos Pirenéus*, 2009
- *Dossier Regicídio.* Coordenador e coautor, 2008
- *A Vitória da Razão.* Coordenador e prefaciador, 2007
- *O Erro da Ota e o Futuro de Portugal.* Coordenador e coautor, 2007
- *Dom Duarte e a Democracia*, 2006
- *Educação para a cidadania - saber & inovar.* Coordenador e coautor, 2006
- *Security and Migrations in the Mediterranean.* Coordenador e coautor, 2006
- *Panorama de la Citoyenneté*, 2006
- *De Legibus - Livro I - Da Lei em Geral.* Coordenador, 2004
- *Salamanca 1812 - Companheiros de Honra*, 2002
- *A Cidadania de A a Z.* Coautor, 2001
- *La Lys 1918 - Os Soldados Desconhecidos.* Coautor, 2001
- *Educação para a Cidadania.* Coordenador e coautor, 1999
- *Bem Comum dos Portugueses.* Coautor, 1999
- *A Monarquia Portuguesa.* Coautor, 1999
- *Introdução à Política de Aristóteles e bibliografia.* Coautor, 1998

- *Os cidadãos e o reordenamento da Segurança e Defesa Nacionais*, 1998
- *Eric Voegelin, Evangelho e Cultura.* Coordenador, 1997
- *Estudos de Ideias Políticas. De Erasmo a Nietzsche.* Editor, 1996
- *A Filosofia Civil de Eric Voegelin*, 1992
- *As Coerências de Fernando Pessoa*, 1989
- *Bibliografia Filosófica Portuguesa 1931-1987.* Coautor, 1988
- *Filosofia Política no Integralismo Lusitano.* Coordenador e coautor, 1987
- *As Coerências de Fernando Pessoa*, 1985